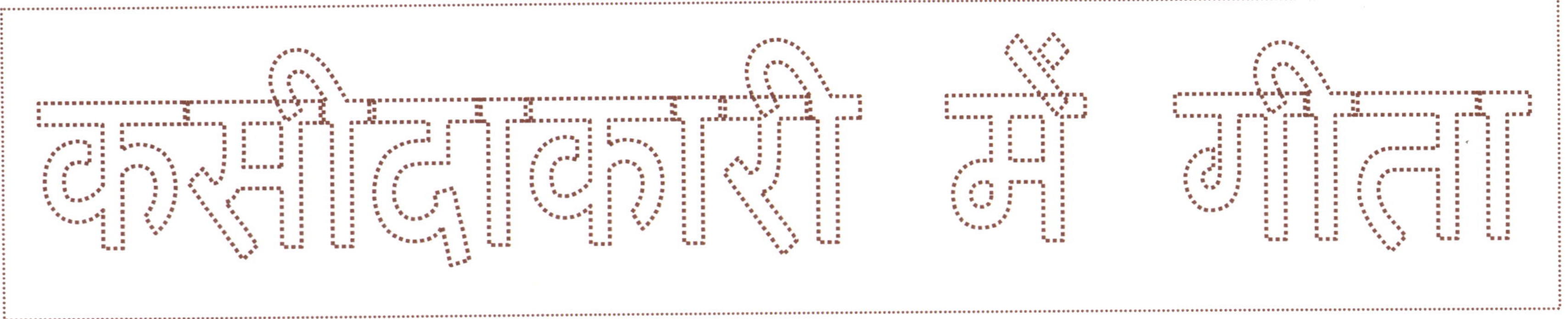

कशीदाकारी में गीता

माधवी बोरीकर

Ratnakar
Pustak-Bharati
Books-India
Toronto, Canada

Author :

सौ. माधवी बोरीकर

६-अ, सावरकर नगर

खामलारोड, नागपूर.

मो. नं. 988711941

Book Title : कसीदाकारी में गीता

इस पुस्तक में अध्यात्म और कला के संगम में भाव एवं भक्ति एक ही स्थान पर समाविष्ट हैं. इस पुस्तक में अध्यात्म और कला के संगम में भाव एवं भक्ति एक ही स्थान पर समाविष्ट हैं. गीता के सभी आध्यायों के दृश्य सिल्क के कपड़े पर रेशम के धागों से बारकाई से अनूठी कशीदाकारी मे प्रस्तुत है.

Published by :

PUSTAK BHARATI (Books India)

180 Torresdale Ave.,
Toronto, Ontario, Canada, M2R 3E4
email : rnarale@yahoo.ca

Copyright ©2021
ISBN   978-1-989416-49-5

अनुक्रम

संदर्भ ग्रंथ सूची -

१] रामकृष्णमठ -- " श्री मद्भगवद्गीता "

२] वसुंधरा बोबडे -- " सुधामयी "

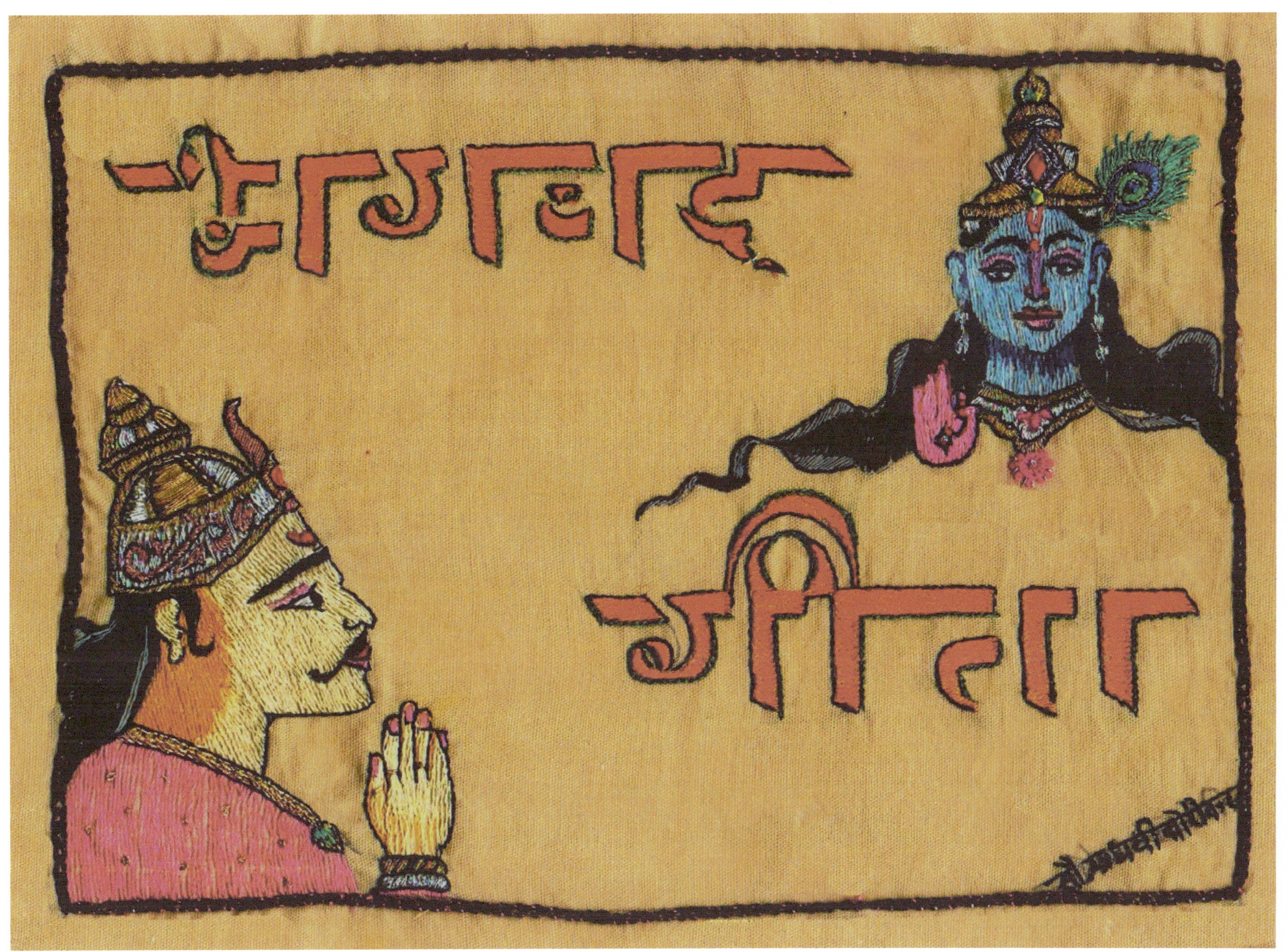

कसीदाकारी में गीता

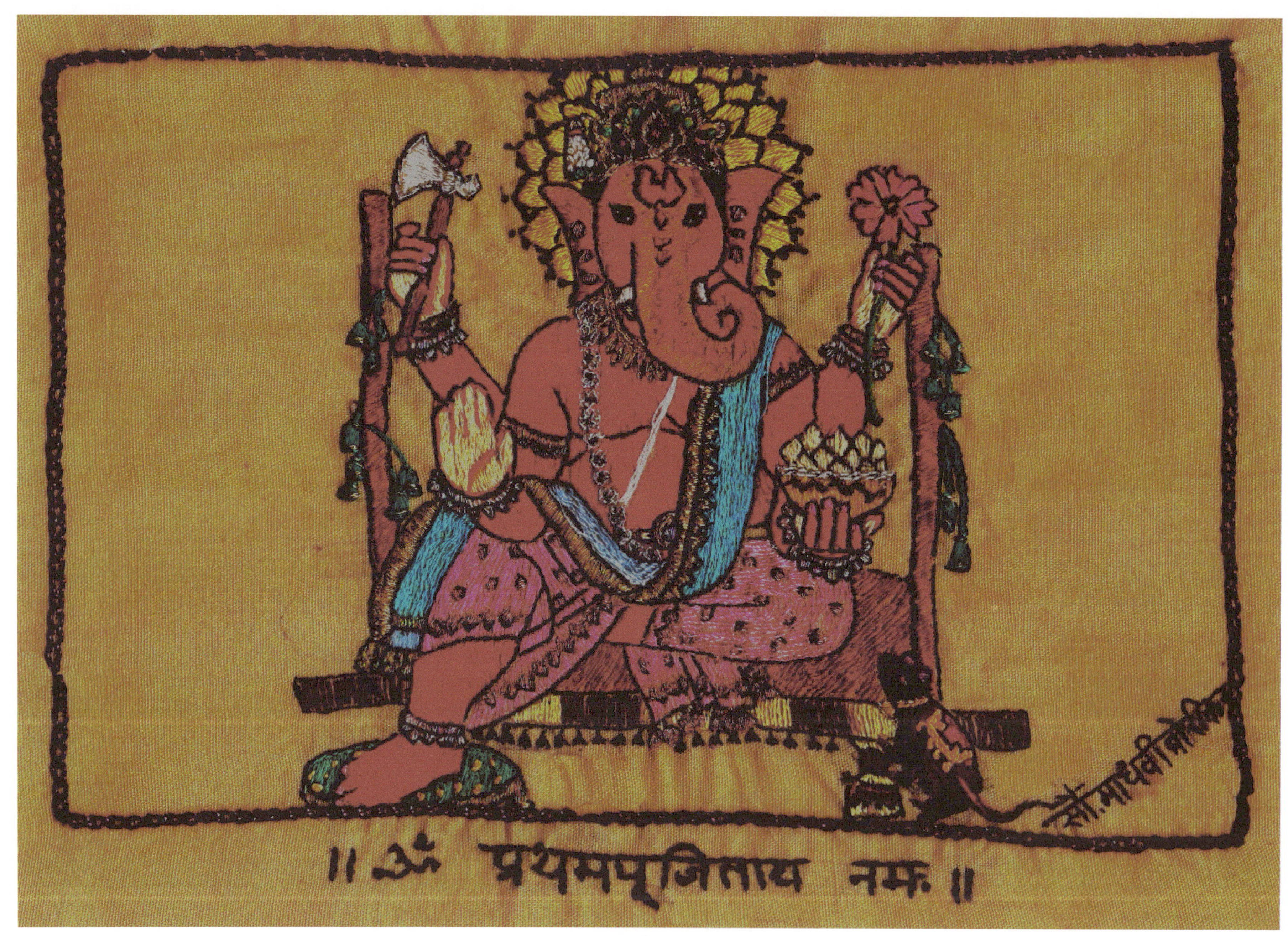

।। ॐ प्रथमपूजिताय नमः ।।

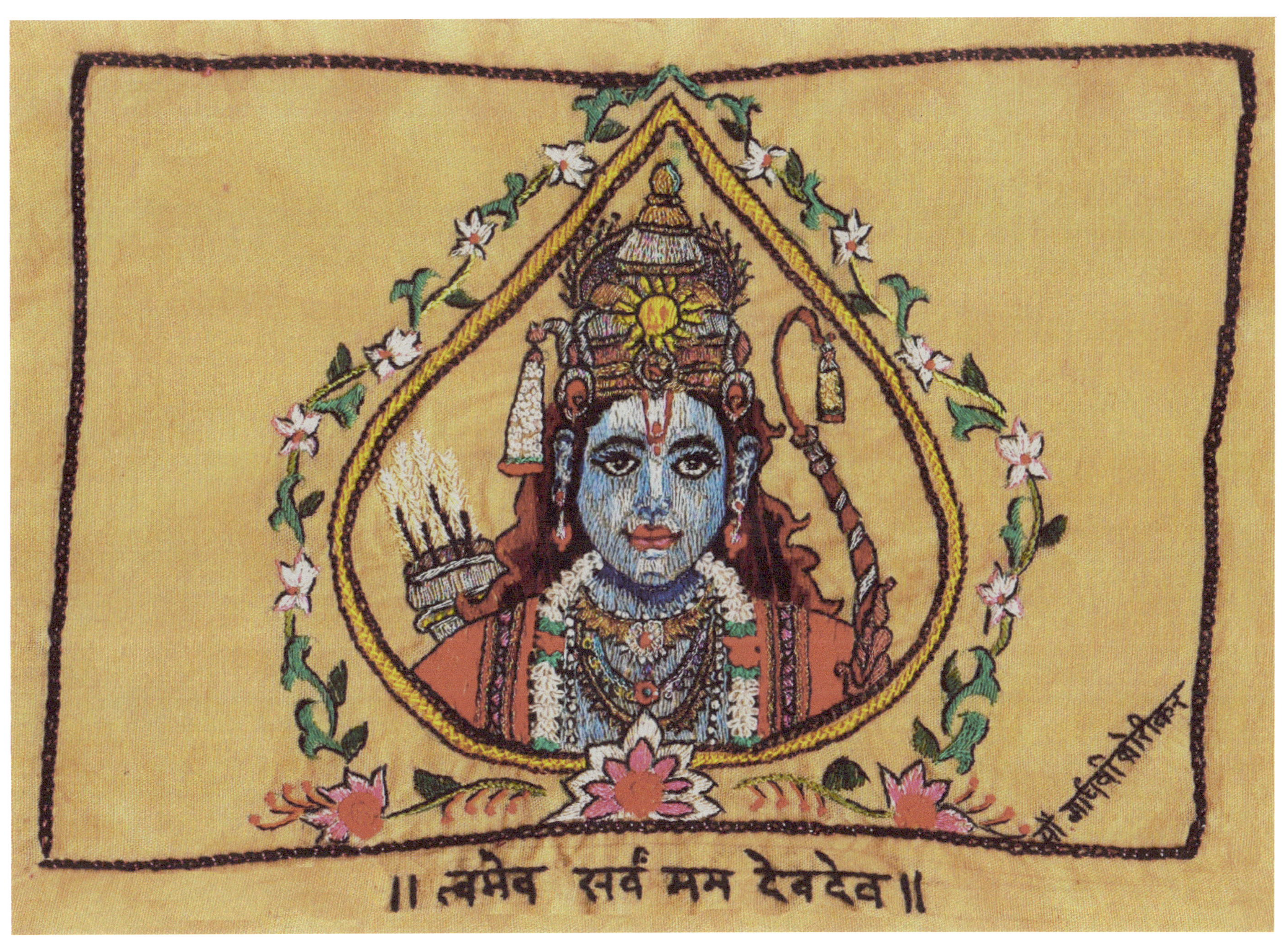

कसीदाकारी में गीता

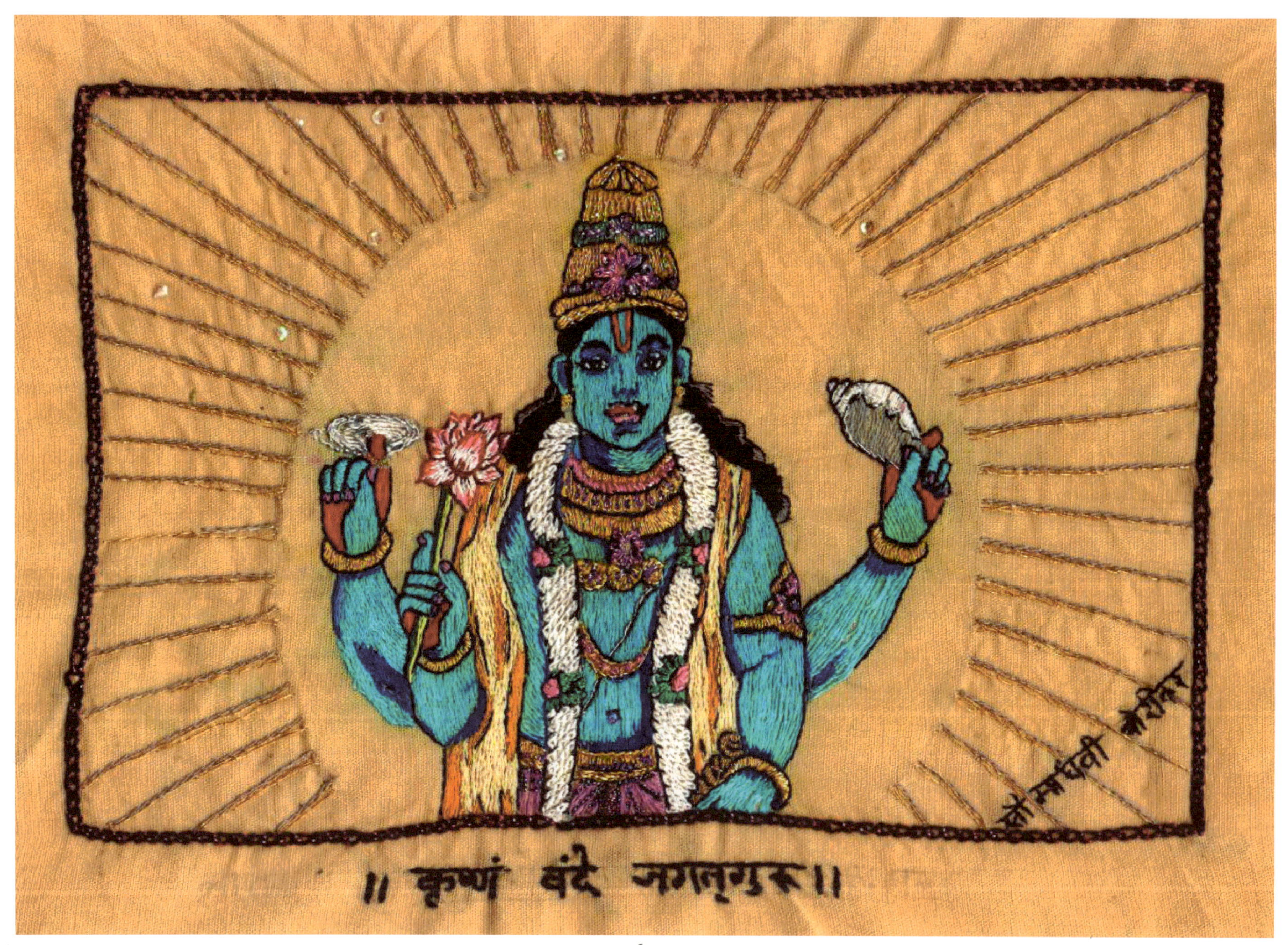

॥ कृष्णं वंदे जगद्गुरू ॥

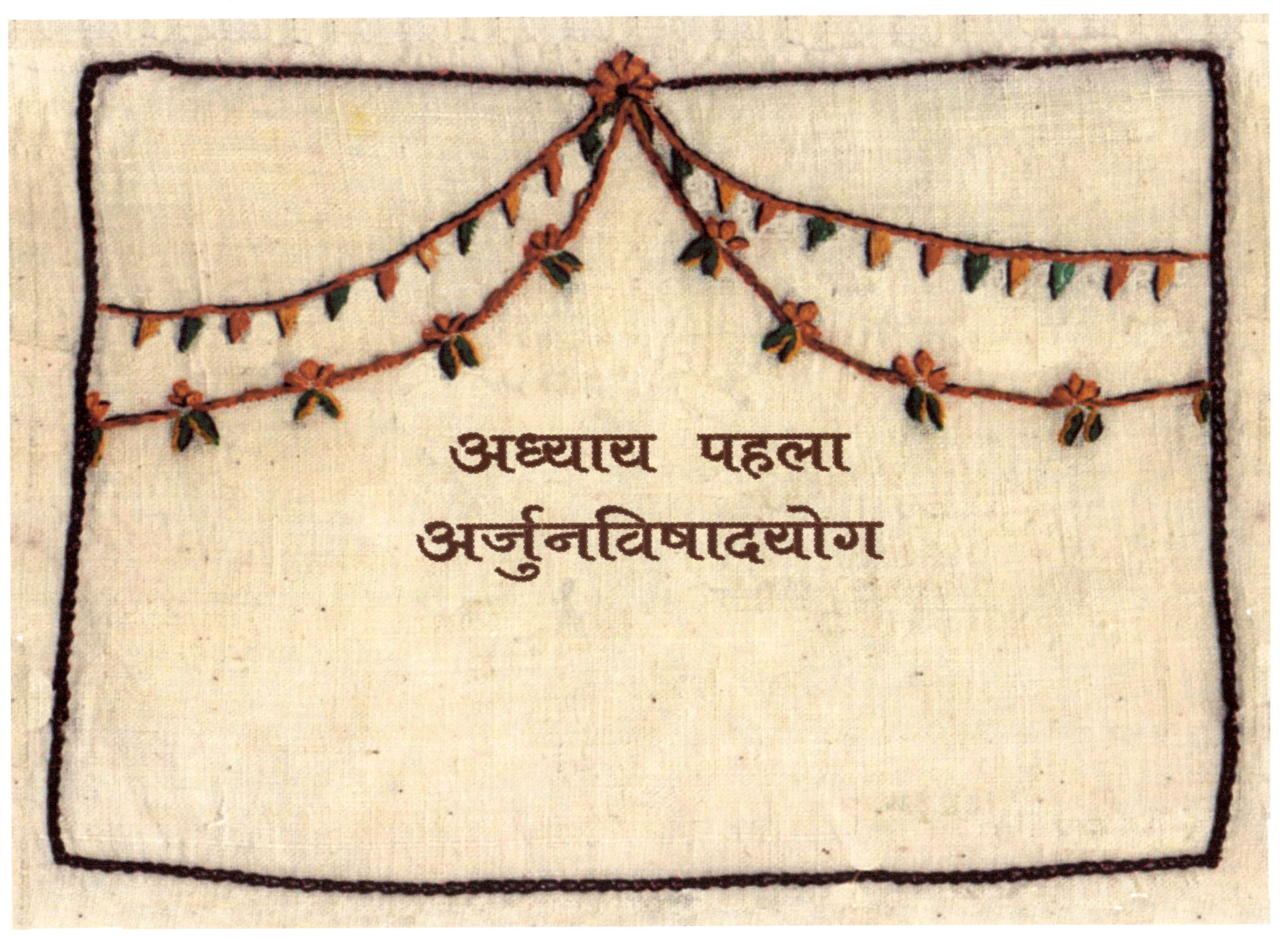

अध्याय पहला
अर्जुनविषादयोग

॥ अध्याय पहला ॥

॥अर्जुनविषादयोग ॥

गीता के प्रत्येक अध्याय को उसके भाव के अनुसार नाम देकर उसको 'योग' कहा गया है. 'योग' का अर्थ आत्मा का परमात्मा के साथ संबंध. आसक्ती और मोह से निर्माण होने वाले विषाद का त्याग करके सच्चे स्वरूप का ज्ञान बताने की कृपा श्री भगवान श्रीकृष्ण ने इस अध्याय में की है. गीता के प्रत्येक अध्याय में, युद्ध भूमी पर आत्मीय जन खडे देख, उनकी हत्या की बात सोचकर अर्जुन घबरा कर उसे विषाद होता है. युद्ध ना करने की सोच कर शस्त्र का त्याग करता है. यही से गीता का आरंभ है.

   जब युद्ध शुरू हुआ और धृतराष्ट्र जन्मानध होने के कारण देख नहीं सकते थे, तब भगवान वेदव्यासजी ने राजमहल में बैठ कर युद्ध देख सकें इसलिए दिव्य दृष्टि देना चाहा. किंतु धृतराष्ट्र ने अपने कुटुंबियोंका निधन देखना. नहीं चाहा. इसलिए वेदव्यासजी ने मंत्री संजय को दिव्यदृष्टी देकर, राजा धृतराष्ट्र को कुरूक्षेत्र के महायुद्ध का दर्शन कराया.

दृष्ट्वा तु पांडवानीकं व्यूढं दुर्योधनतस्तदा ।
आचार्यमुपसंगम्य राजा वचनमब्रवीत ॥ १.२ ॥

संजय राजा धृतराष्ट्र को युद्ध प्रसंग बताने की शुरूआत करते हैं. उन्होने महासैन्य की व्युहरचना बताई, महा धनुर्धरों के नाम बताए. शंख बजाने और रणवाद्य की भयंकर आवाज का वर्णन किया. युद्धभूमी पर सब वीर शांत होकर खड़े हुए तब अर्जुन, भगवान श्रीकृष्ण को कहता है -- "हे अच्युत, दोनों सेनाओं के बीच मेरा रथ खड़ा कीजिए, मैं देखूं की किन विरों के साथ मुझे युद्ध करना होगा. तब भगवान श्रीकृष्ण ने दोनो सेनाओं के बीच रथ स्थापित करके कहा-- हे पृथापुत्रा अर्जुन, इन एकत्रित कौरवों को देखो. अर्जुन ने स्वजनों को देखा तो उसका मुख सुख गया, शरीर में रोमांच आए, शरीर कंपन होने लगा और हाथ से गांडीव धनुष गिर गया. इस अवस्था में अर्जुन ने कहा, अपनों को मार डालने से मेरा ही वध हो जाय तो कल्याणकारी होगा. वह शोकाकुल होकर बाण सहित धनुष को छोड़ कर रथ के पिछले भाग में बैठ गया।

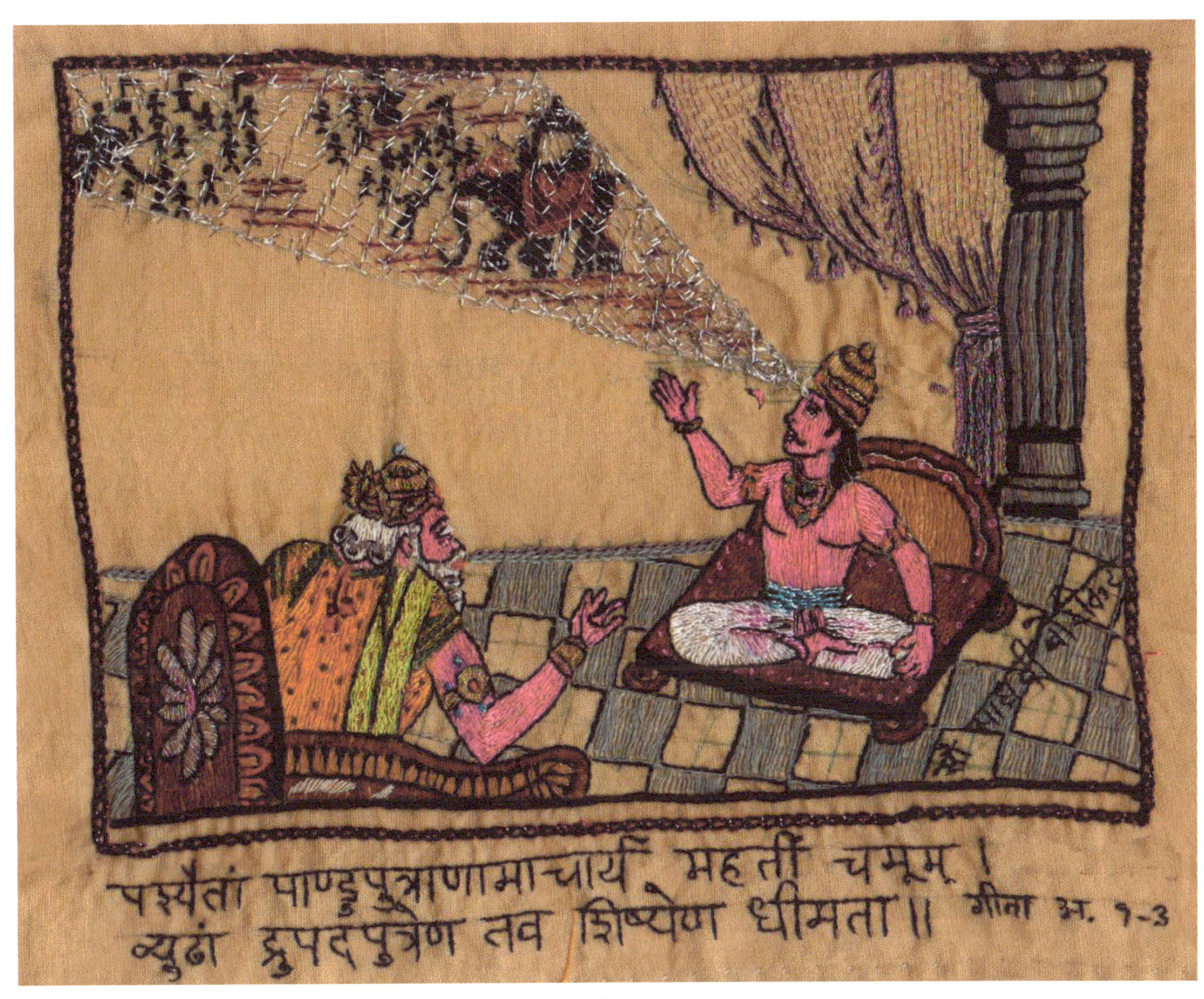

पश्यैतां पाण्डुपुत्राणामाचार्य महतीं चमूम् ।
व्यूढां द्रुपदपुत्रेण तव शिष्येण धीमता ॥ गीता अ. १-३

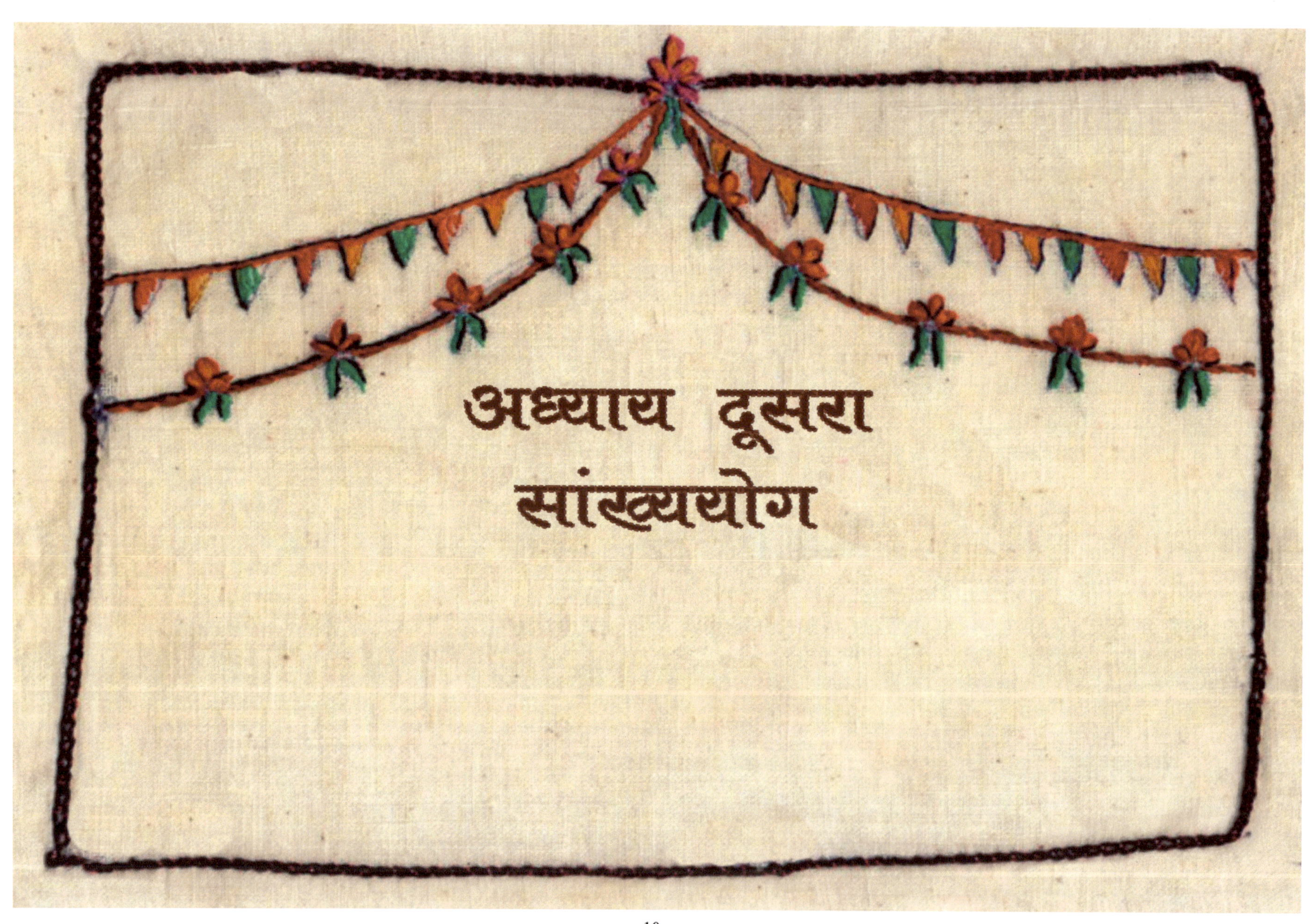

अध्याय दूसरा
सांख्ययोग

।। अध्याय दुसरा ।।
।। सांख्ययोग ।।

तं तभा कृपयाविष्टमश्रुपूर्णाकुलेक्षणम् ।
विषीदन्तमिदं वाक्यमुवाच मधुसूदनः ।।

सांख्य तत्वज्ञान षड्दर्शन में से एक महत्वपूर्ण दर्शन है। जब धनुर्धारी अर्जुन दुःखित होकर कहता है, मैं बन्धुओं के साथ युद्ध करने से अच्छा भिख माँगलूँगा और धनुष छोड़ कर रथ में बैठ जाता है। तब भगवान कहते है __' हे अर्जुन तुम निंदा जनक कायरता का मोह छोड़ कर स्वर्ग प्राप्ती का द्वार खुला है उसको चुन लो।

अर्जुन भगवान श्रीकृष्ण से कहता है, मैं आपकी शरण में आया हुआ आपका शिष्य हूँ, मुझे कल्याण कारक उपदेष दीजिए। तब भगवान श्रीकृष्ण अर्जुन को समझाते हैं -- मरने वाले सभी शरीर नाशवंत हैं, मगर इस देह का जो स्वामी है, जो आत्म तत्व है, वह अविनाशी, नित्य और अचिंत्य है। इसलिए युद्ध में शरीर का नाश हो सकता है मगर वह आत्मरूप तत्व कायम रहने वाला है। देह नाशवंत है, मगर आत्मा अमर है।

वासांसि जीर्णानि यथा विहाय नवानि गृण्हाति नरोऽ पराणि ।
तथा शरीराणी विहाय जीर्णान्यन्यानी संयाति नवानि देही ।।२२ ।।

जिस प्रकार मनुष्य जीर्ण वस्त्र को छोड़ कर दूसरे नये वस्त्र ग्रहण करता है, उसी प्रकार शरीरी जीव जीर्ण शरीर को छोड़ कर दूसरे नये शरीर को धारण करता है। अब भगवान श्रीकृष्ण आत्मा का वर्णन करते है। आत्मा को जला नहीं सकते,वो गीला नहीं होता है, नित्य, सर्व व्यापी, स्थिर, निश्चल, सनातन है। आत्मा मर नहीं सकता इसलिए किसी प्राणी के निधन से शोक करना उचित नहीं। क्षत्रिय धर्म की ऐसे स्थिती में विचलित होना शोभा नहीं देता। क्षत्रिय के लिए धर्म युद्ध के सिवा कुछ भी कल्याणकारी नहीं है।

यदृच्छया चोपपन्नं स्वर्ग द्वार मपावृतम् ।।
सुखिनः क्षत्रियाः पार्थ लभन्ते युद्धमीदृशम् ।।३२।।

हे अर्जुन, अपने आप खुले हुए स्वर्ग द्वार की तरह इस प्रकार का धर्म युद्ध भाग्यवान क्षत्रिय लोग ही प्राप्त करते हैं। यह युद्ध नहीं करोगे तो पाप को प्राप्त करोगे। सब लोग तुम्हारी निंदा करेंगे। सुख-दुःख, लाभ-हानी का विचार छोड़ कर युद्ध के लिए तैयार हो जाओ। अब तक भगवान श्रीकृष्ण ने आत्मज्ञान का उपदेश दिया। अब कर्म का सिध्दांत समझाने जा रहे है।

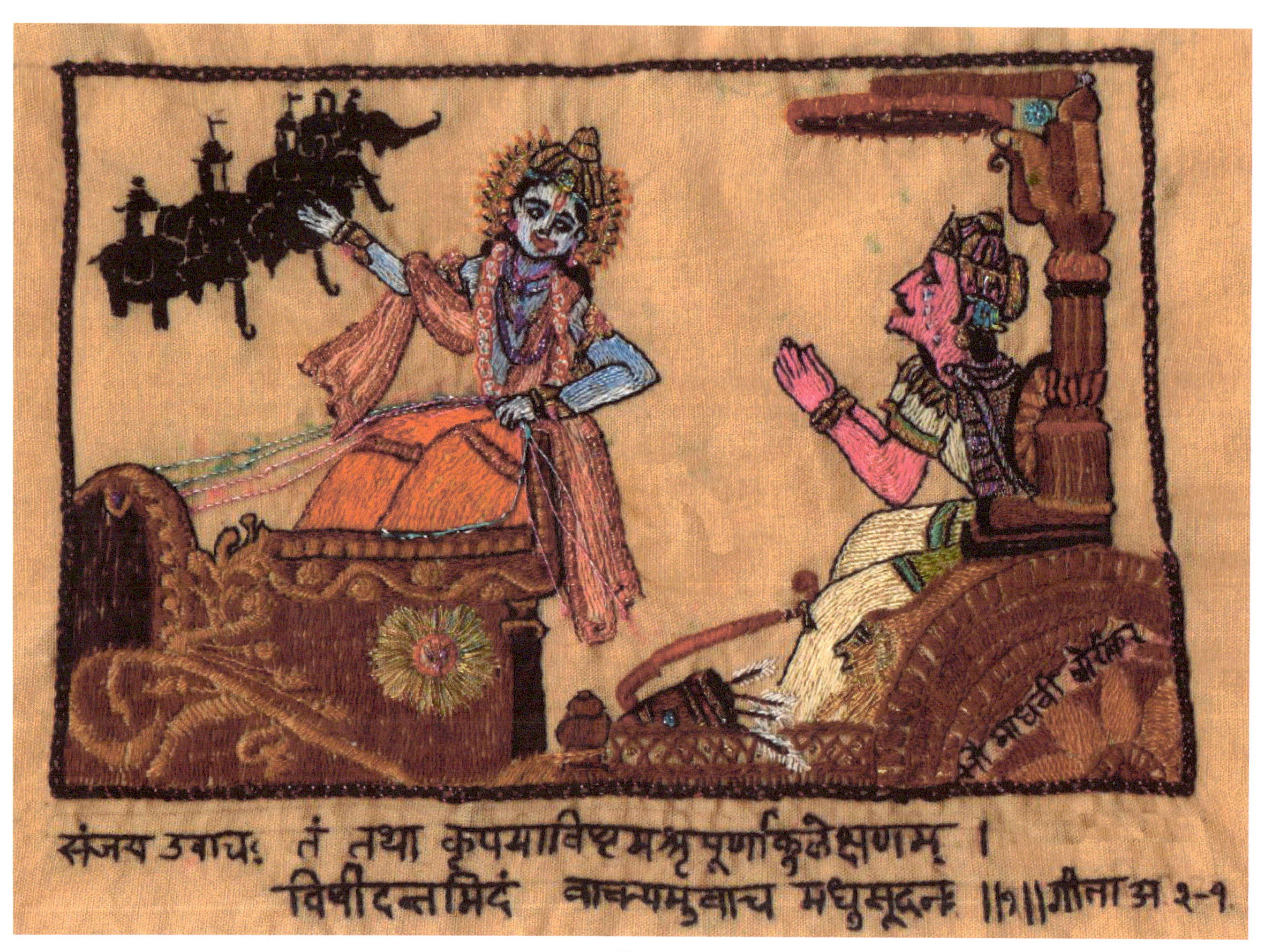

संजय उवाच: तं तथा कृपयाविष्टमश्रुपूर्णाकुलेक्षणम् ।
विषीदन्तमिदं वाक्यमुवाच मधुसूदनः ॥१॥ गीता अ २-१.

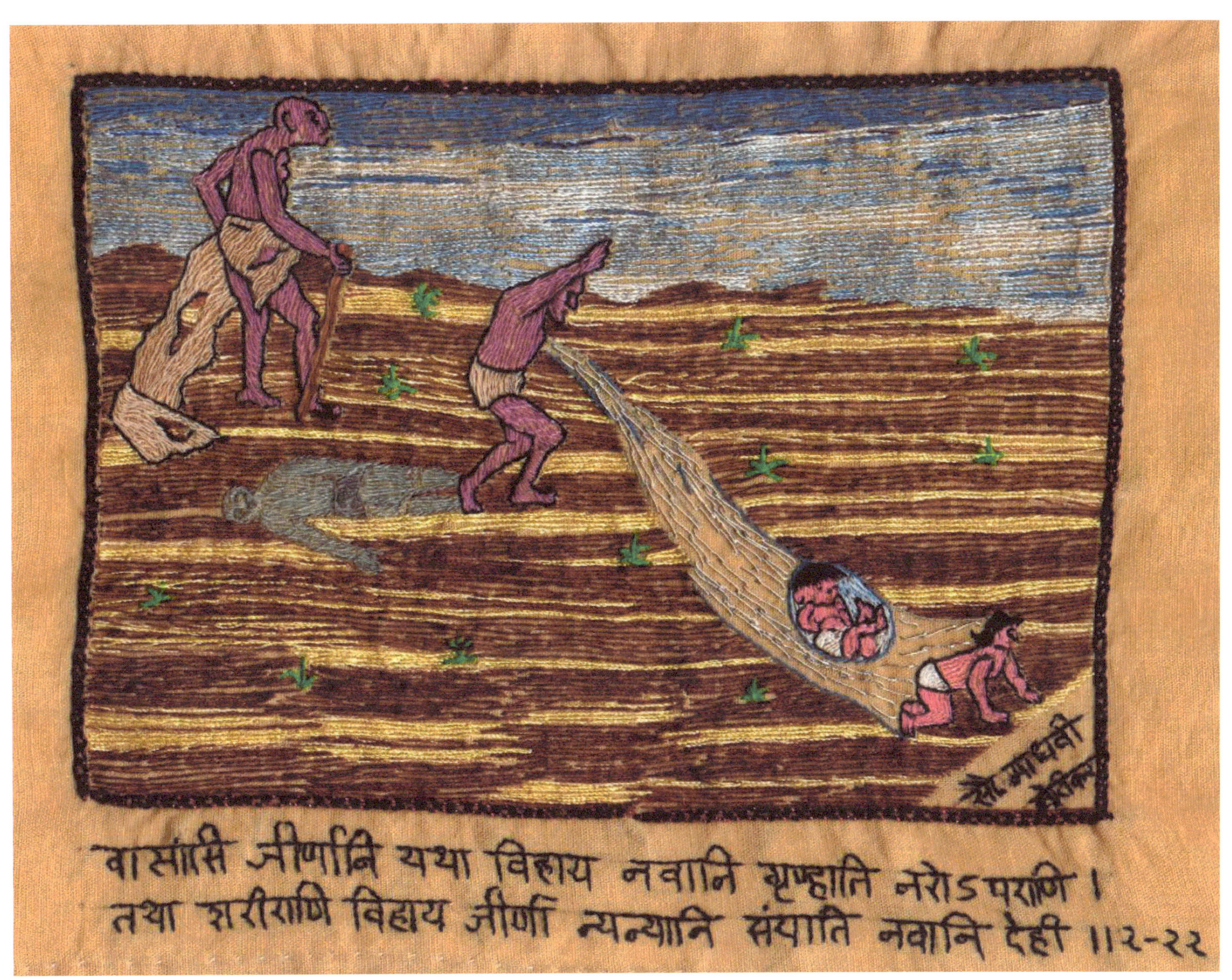

वासांसि जीर्णानि यथा विहाय नवानि गृह्णाति नरोऽपराणि ।
तथा शरीराणि विहाय जीर्णानि न्यन्यानि संयाति नवानि देही ॥२-२२॥

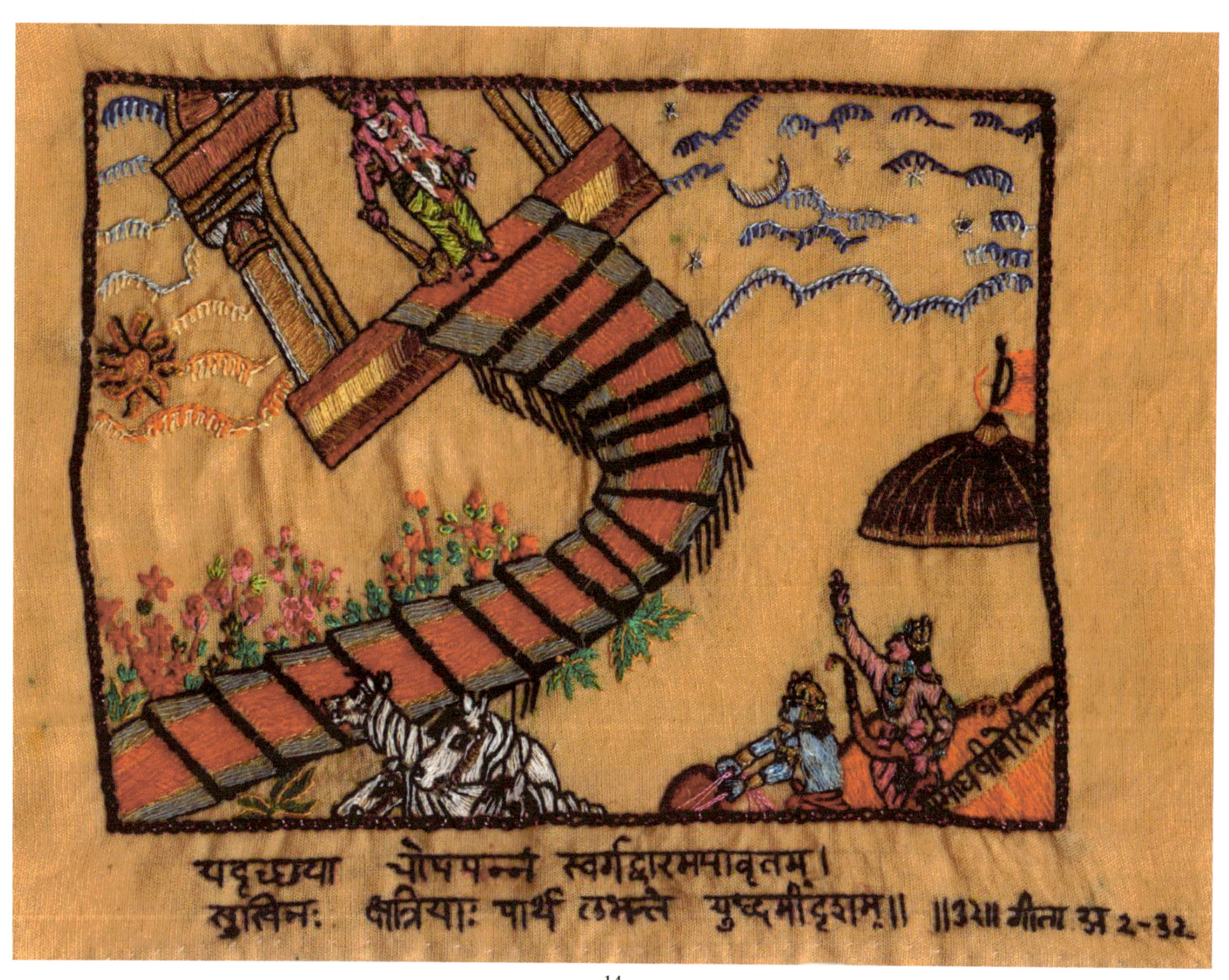
यदृच्छया चोपपन्नं स्वर्गद्वारमपावृतम्।
सुखिनः क्षत्रियाः पार्थ लभन्ते युद्धमीदृशम्॥ ॥३२॥ गीता अ २-३२

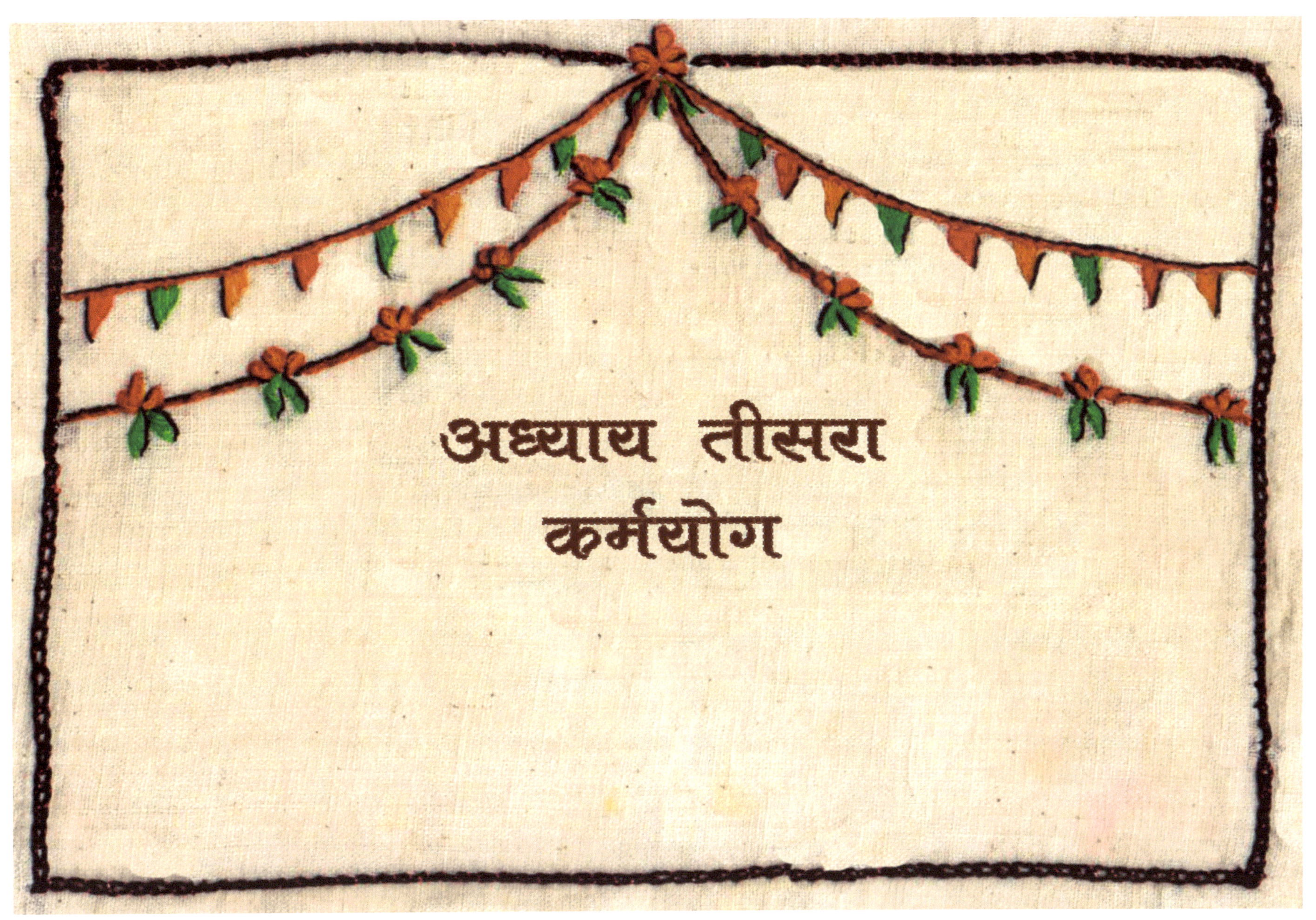अध्याय तीसरा
कर्मयोग

।। अध्याय तीसरा ।।
।। कर्मयोग ।।

इस अध्याय में कर्म महात्म्य और स्वधर्म पालन का उपदेश है। भगवान श्रीकृष्ण अर्जुन को 'योगस्थ' होकर कर्म करने का उपदेश देते हैं, तब अर्जुन दुविधा में पड़ कर, क्या करना उचित है यह निश्चय नहीं कर पाता। वह पुछता है _ यदि मुक्ति सहज हो तो ज्ञान साधना उचित है, तो फिर सुझे हिंसक काम क्यों लगा रहे हो? भगवान श्रीकृष्ण कर्म योग का बिजारोपण करते हैं और कहते हैं _ कोई बिना कर्म के नहीं रह सकता। जो व्यक्ति मन से इंद्रियों के विषयों का चिंतन करता है, वह मिथ्याचारी कहलाता है। किंतु अनासक्त भाव से कर्मेंद्रियों के द्वारा कर्मयोग का अनुष्ठान करता है, वही श्रेष्ठ है।

देवान्भावयतानेन ते देवा भावयंतु वः ।
परस्परं भवयंतः श्रेयः परमवाप्स्यथ ।। ११ ।।

यज्ञ करके देवताओं की उन्नती के सहाय्यक बन कर यज्ञ, होम आदि का अर्थ कर्म करना है। देवता भी वृष्टि आदि के द्वारा तुम्हारी उन्नति करेंगे। होम में घृत की आहृति देने से सूर्य लोग में पहूच कर सूर्य के कारण वृष्टि, वृष्टि के कारण अन्न और अन्न से जीव, शरीर की उत्पत्ति होती है। परंतु जो व्यक्ति केवल ईश्वर को ही चाहता है, उसी में तृप्त संतुष्ट रहता है। उसका कोई कर्तव्य कर्म शेष नहीं रहता। श्रेष्ठ व्यक्ति जैसा ही अनुसरण अन्य व्यक्ति करते है। यहाँ कर्म शब्द, काम के लिए ही नही, विचार से भी जो कर्म किये जाते है, उसे भी कर्म कहा है। फलाकांक्षा और कतृत्वाभिमान छोड़ कर,समस्त कर्म ईश्वर के ही हैं इस बुद्धि से करता है वह व्यक्ति यथार्थ कर्मयोगी होता है। मेरे मत का अनुष्ठान श्रद्धा से करते हैं वे भी कर्म बन्धन से मुक्त हो जाते हैं। ज्ञानी व्यक्ति राग द्वेष छोड़ कर इंद्रियों द्वारा स्वधर्म पालन करने में समर्थ होते हैं। स्वधर्मपरि त्याग उचित नहीं है। अर्जुन कहता है __ हे कृष्ण! क्या मनुष्य इच्छा न रहते भी बलपूर्वक पाप करता है? भगवान कहते है __ यह काम, क्रोध जो रजोगुणों से उत्पन्न होने वाला और महापापी है, वही पतन करवाता है। उसे शत्रु मानना चाहिये।

धूमेनाब्रियते वह्निर्यथाऽऽदर्शो मलेन च ।
यथोलबेनावृतो गर्भस्तथा तेनेदमावृतम् ।।३८।।

जीस प्रकार धूएं के हटने से अग्नि प्रकट होती है। धूल-मैल निकाल देने से दर्पण स्वच्छ होता है और जो प्रसव के अंत में जरायु को हटा देने पर भ्रुण दिखाई पड़ता है। उसी प्रकार विषय वासना के नाश होने पर तत्त्वज्ञान का उदय होता है। इंद्रिय, मन और बुद्धि ये 'काम' में रहते हैं। इनके द्वारा विचार और बुद्धि को यह 'काम ' जीव को मोहित कर डालता है। भगवान श्रीकृष्ण कहते हैं -- हे अर्जुन, तुम पहले इंद्रियों का परित्याग करो। मन को निश्चल करके वासना रूप शत्रु को परास्त करो।

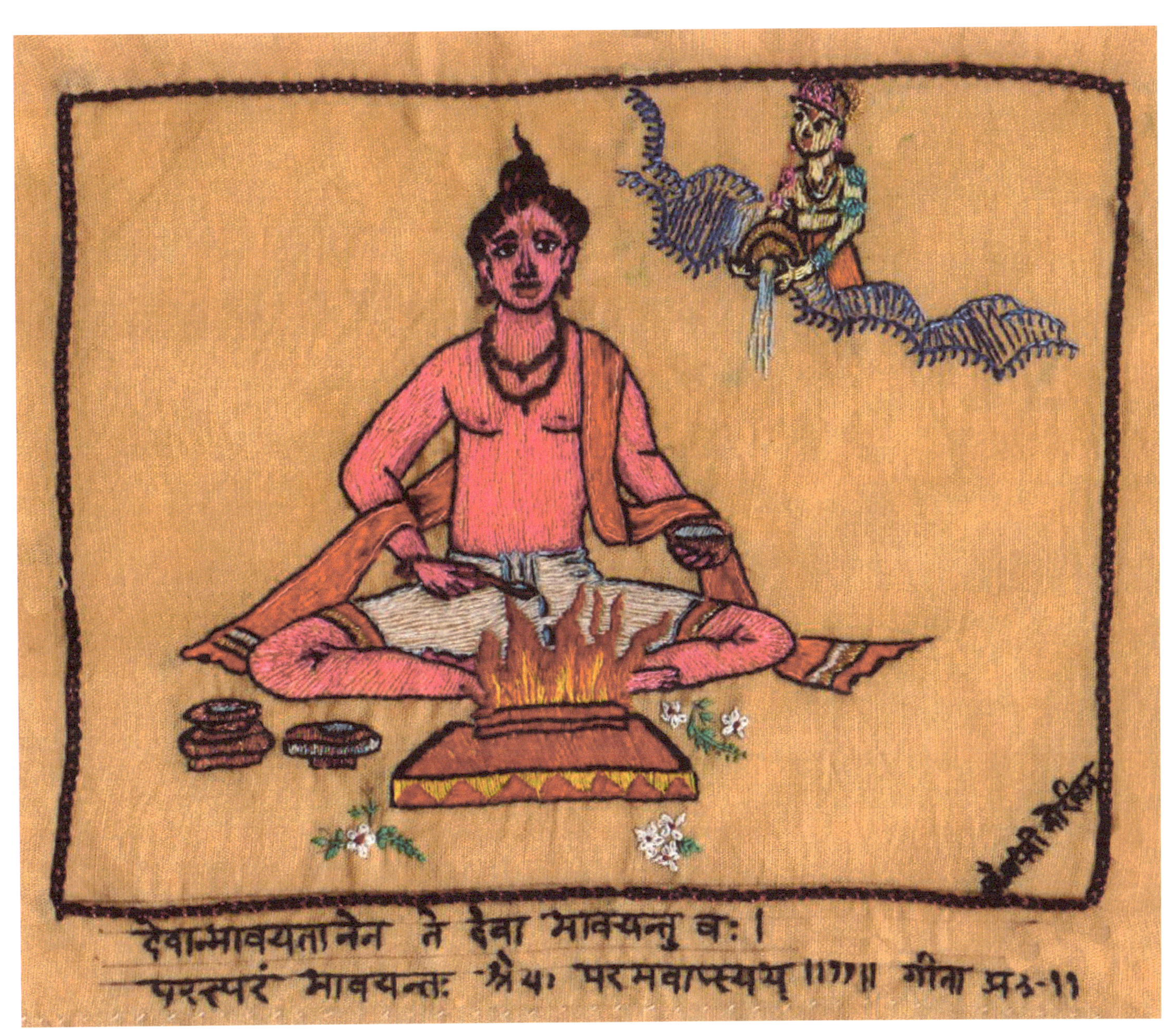

देवान्भावयतानेन ते देवा भावयन्तु वः ।
परस्परं भावयन्तः श्रेयः परमवाप्स्यथ ॥११॥ गीता अ३-११

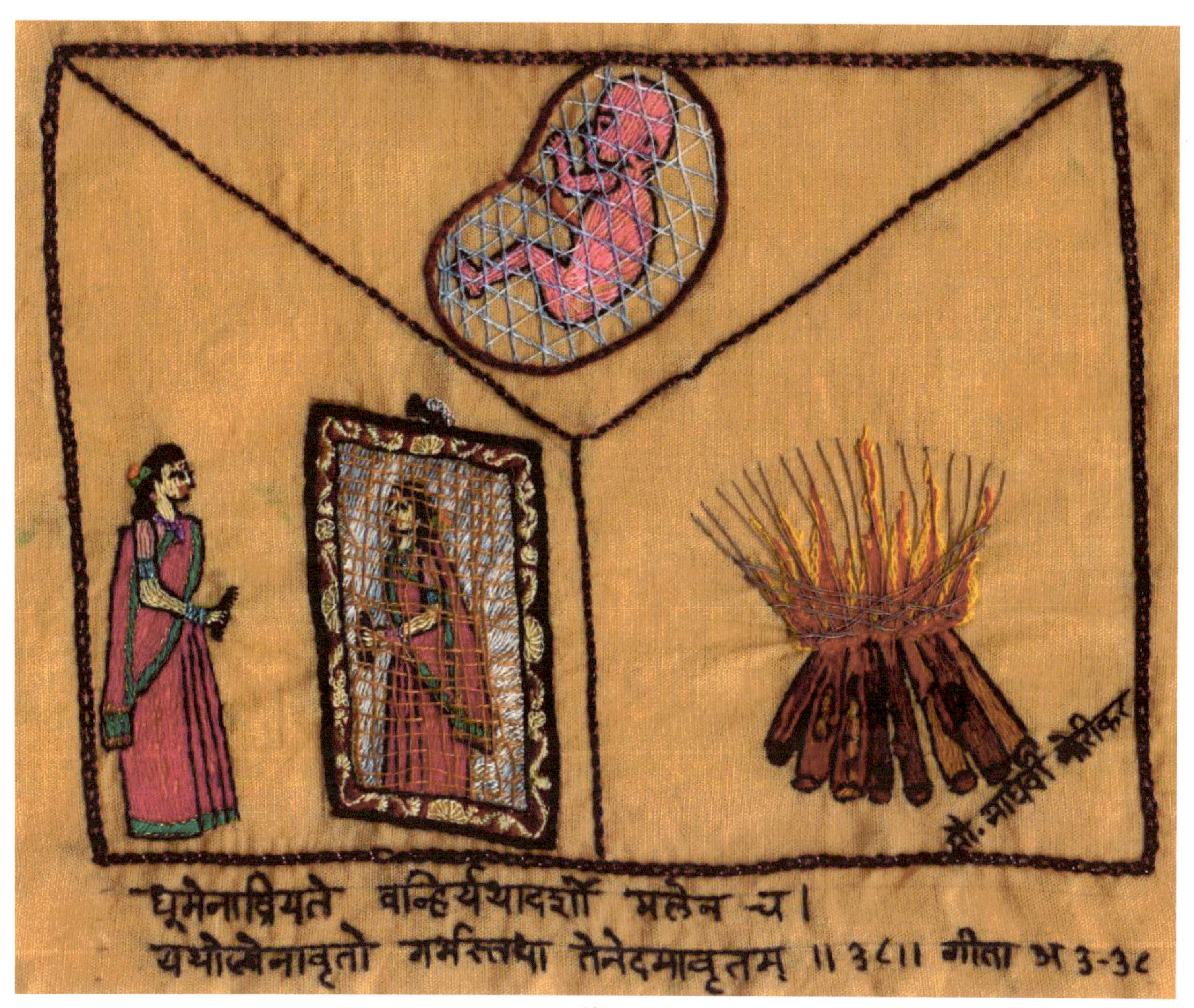

धूमेनात्रियते वन्हिर्यथादर्शो मलेन च।
यथोल्बेनावृतो गर्भस्तथा तेनेदमावृतम् ॥३८॥ गीता अ ३-३८

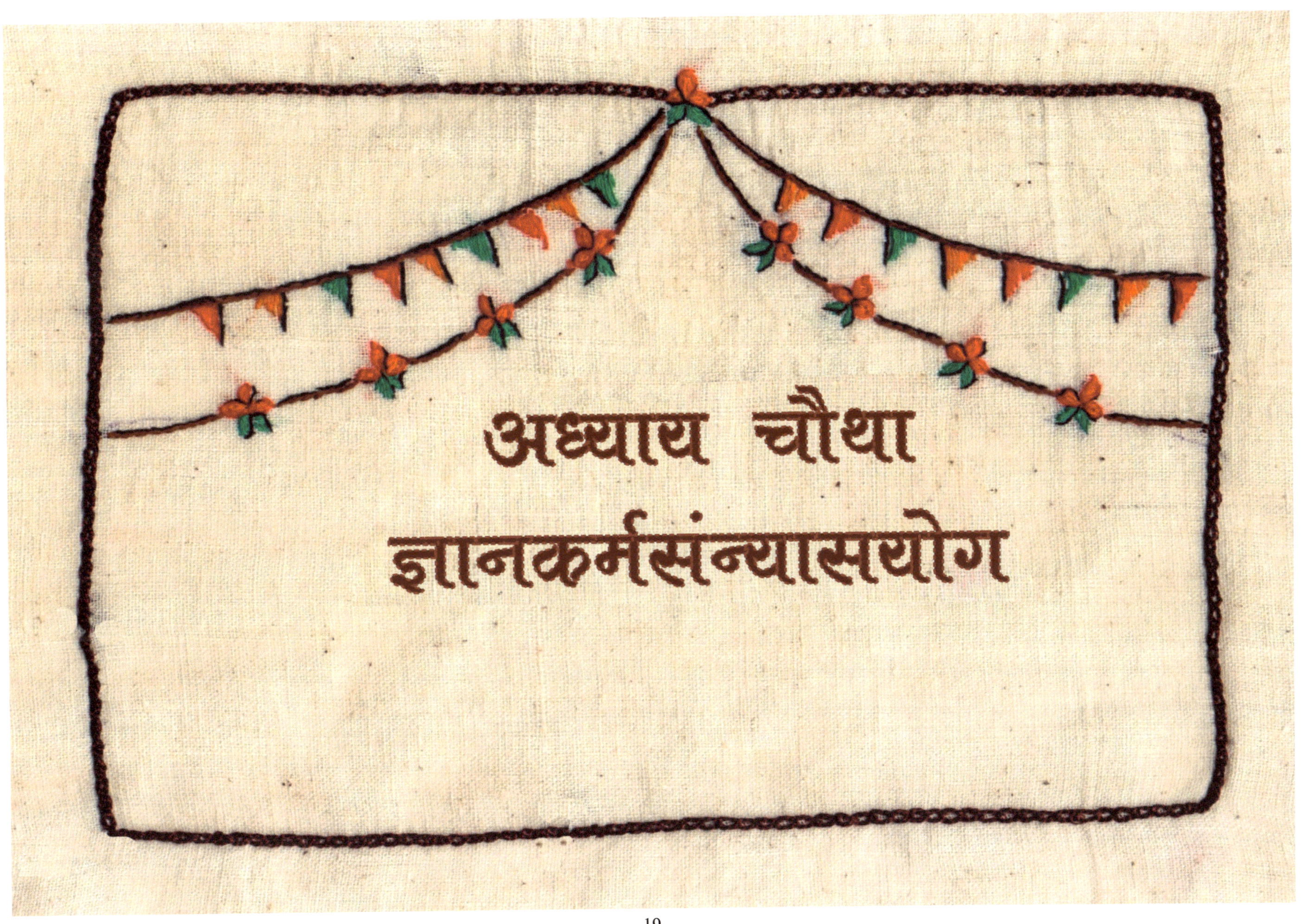
अध्याय चौथा
ज्ञानकर्मसंन्यासयोग

।। अध्याय चोथा ।।

।। ज्ञानयोग ।।

श्रीभगवान श्रीकृष्ण ने कहा _ तुम मेरे भक्त और मित्र हो, इस कारण यह सनातन योग आज मैने तुम्हे बताया है। यह उत्तम गुह्य तत्व है। हे अर्जुन, मेरे और तुम्हारेअनेक जन्म बीत गये है। मैं उन सबको मैं जानता हूँ। तुम नहीं जानते। सब लोग धर्माधर्म कर्म के अनुसार जन्म ग्रहण करते है। किंतु मैं कर्म के वश में नहीं हूँ। केवल संसार के कल्याण का संकल्प लेकर अपनी त्रिगुणात्मिका माया की सहाय्यता से मनुष्य देह धारण कर पापियों के विनाश के लिए और धर्म स्थापना के उद्देश से मैं हर युग में अवतिर्ण होता हूँ।

ये यथा मां प्रपद्यन्ते तांस्तथैव भजाम्यहम् ।

मम वर्त्मानुवर्तते मनुष्याः पार्थ सर्वशः ।।११।।

मेरे इस प्रकार अलौकिक शरीर-- धारण और कर्म के रहस्य को जो यथार्थ रूप से जानते है, वे शरीर छूटने पर फिर से जन्म नहीं लेते, किंतु मुझे प्राप्त करते हैं। जो लोग, सकाम या निष्काम, सगुण या निर्गुण जीस भाव से मुझे भजते हैं, उन्हे उन्हीं भाव से अनुग्रह करता हूँ। वैसा ही फल प्रदान करता हूँ। विभिन्न देव -- दवियों के उपासक को फल से वंचित नहीं रखता। क्योंकी वे भी मुझसे ही प्रकट हुए हैं। भगवान के स्वरूप को जानने पर समस्त कर्म बन्धनों का क्षय होकर मनुष्य चिरमुक्त होता हे। आत्मज्ञान से ही समस्त अज्ञान नाश होता है और मुक्ति प्राप्त होती है। गीता में कर्म शब्द बहुत व्यापक अर्थ में आया है। इसमे सामान्यतः कर्म, अकर्म और विकर्म के विषय में भी बताया गया है। ईश्वर की आराधना के लिए अनुष्ठित कर्म को यज्ञ कहते हैं। ईश्वरार्पण बुद्धि से अनुष्ठित सभी कर्म यज्ञ स्वरूप है।

ब्रम्हार्पणं ब्रह्म हविर्बम्हाग्रौ ब्रह्मणा हुतम् ।

ब्रम्हैव तेन गंतव्यं ब्रह्मकर्मसमाधिना ।।२४ ।।

अग्नि में डालने वाला घी ब्रह्म है, हवन करने वाला कर्ता ब्रह्म है, उसी तरह सर्वत्र ब्रह्म ही रहता है, ब्रह्म का ही दर्शन होता है। "सर्व खलविदं ब्रह्म" सदा ब्रह्म चिंतन में रहने से ब्रह्म दर्शन होता है। कोई योगी लोग देवता की पूजा रूप यज्ञ का अनुष्ठान करते हैं। कोई कर्ण, चक्षु आदि इंद्रियों को अग्नि में आहुति देते हैं। कोई पंच ज्ञानेंद्रिय,पंच कर्मेंद्रिये, पंच प्राण का निरोध कर ब्रह्मानंद में मग्न रहते हैं। कोई द्रव्य दान, तप स्या रूप यज्ञ करते हैं। कोई चित्त -- वृत्ती -- निरोध रूप समाधी -- यज्ञ करने वाले होते हैं। भगवान कहते हैं _ हे अर्जुन, प्रदीप्त अग्नि जिस प्रकार लकड़ियों को भस्म कर डालती है उसी प्रकार ज्ञानरूप अग्नि प्रारब्ध कर्म छोड़ कर अन्य सभी कर्मोंको नष्ट कर डालती है। जो ज्ञान लाभ करते है वे अविलंब परम शान्ती के अधिकारी होते है। मोक्षप्राप्त करते है। इसलिए हे अर्जुन, मन में उत्पन्न हुए अज्ञान को ज्ञान रूप शस्त्र से काट कर निष्काम कर्मयोग का अवलम्बन करो और युद्ध के लिए तैयार उठ खड़े हो जाओ।

कसीदाकारी में गीता

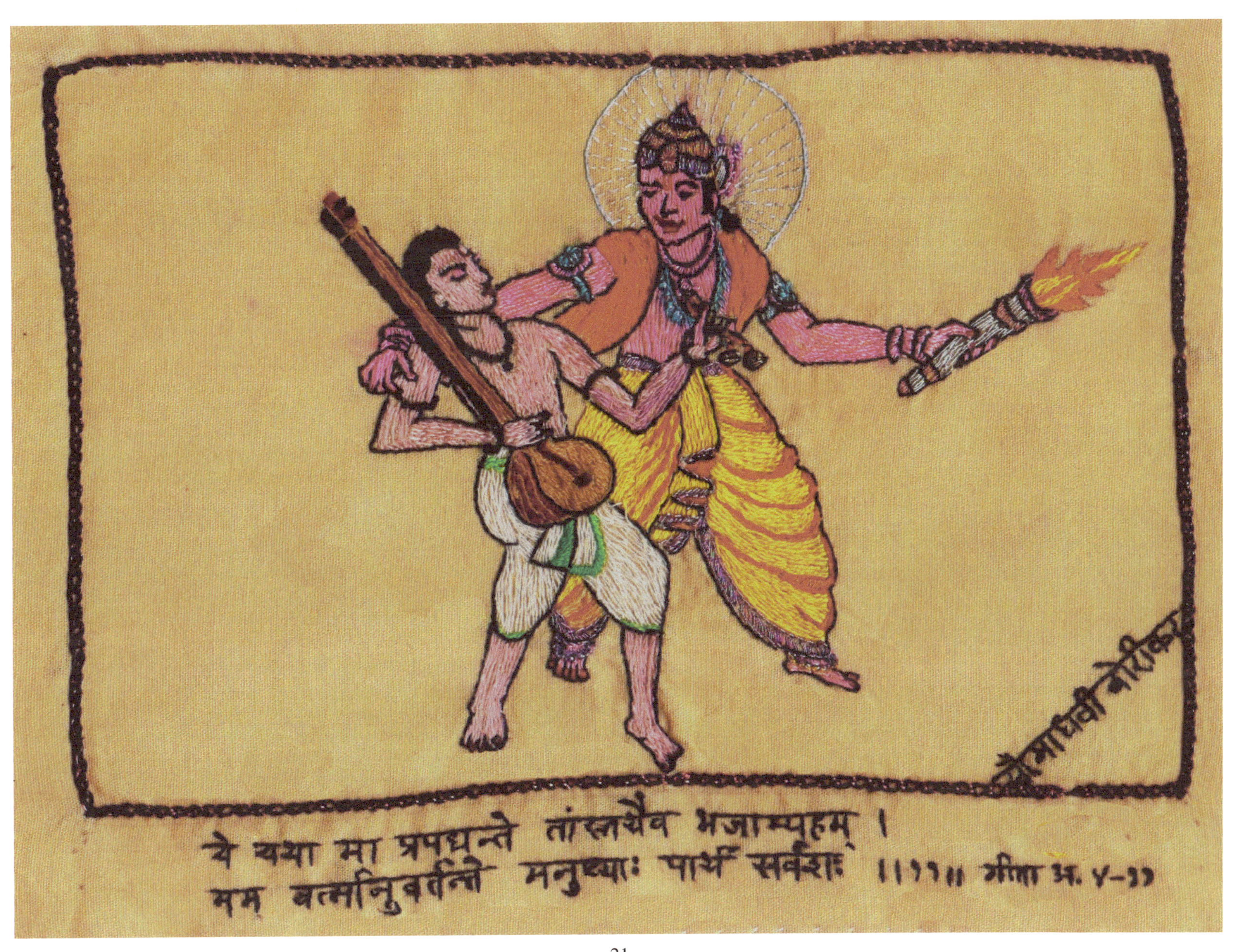

ये यथा मां प्रपद्यन्ते तांस्तथैव भजाम्यहम् ।
मम वत्मानुवर्तन्ते मनुष्याः पार्थ सर्वशः ॥११॥ गीता अ. ४-११

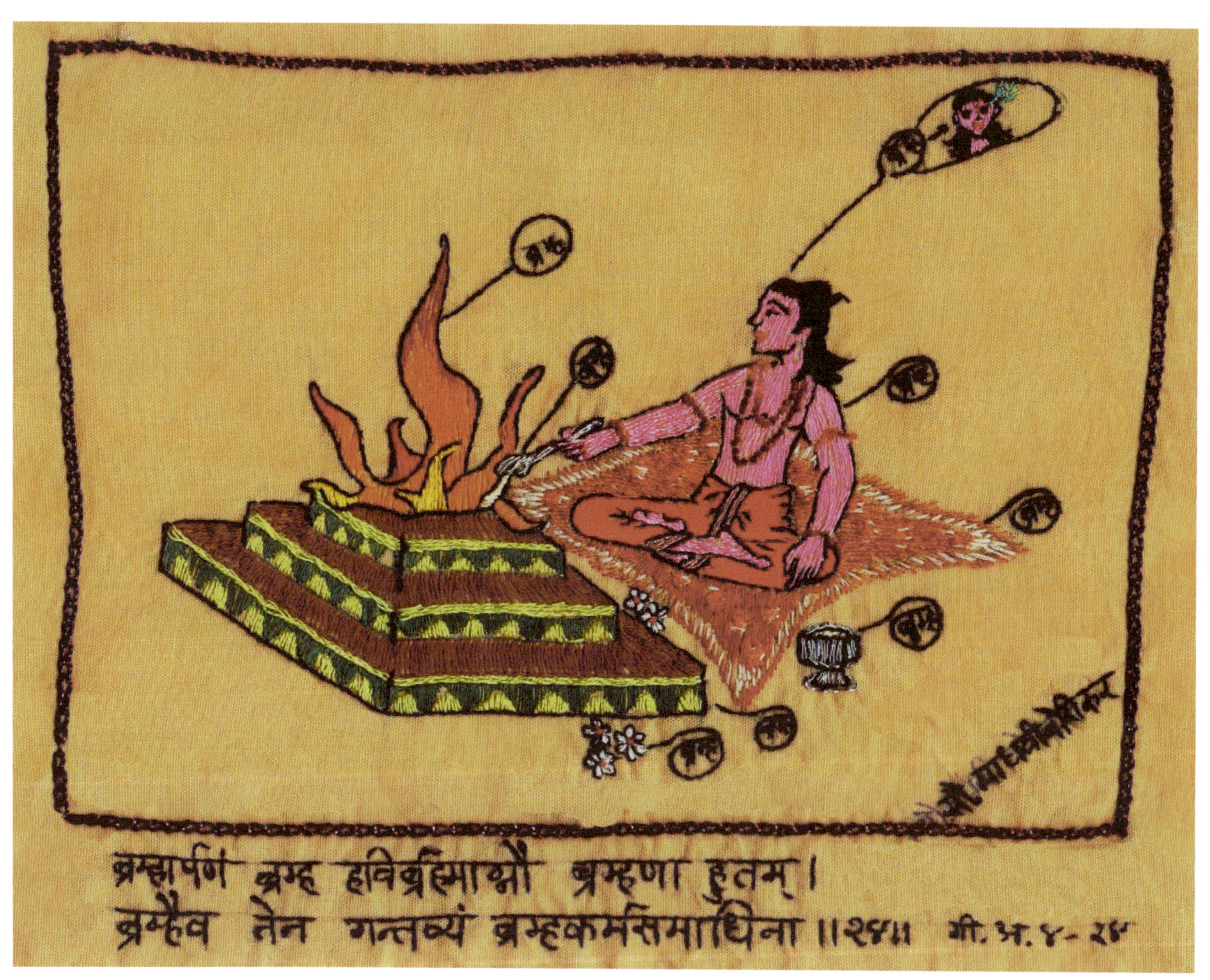

ब्रम्हार्पणं ब्रम्ह हविर्ब्रम्हाग्नौ ब्रम्हणा हुतम् ।
ब्रम्हैव तेन गन्तव्यं ब्रम्हकर्मसमाधिना ॥२४॥ गी. अ. ४- २४

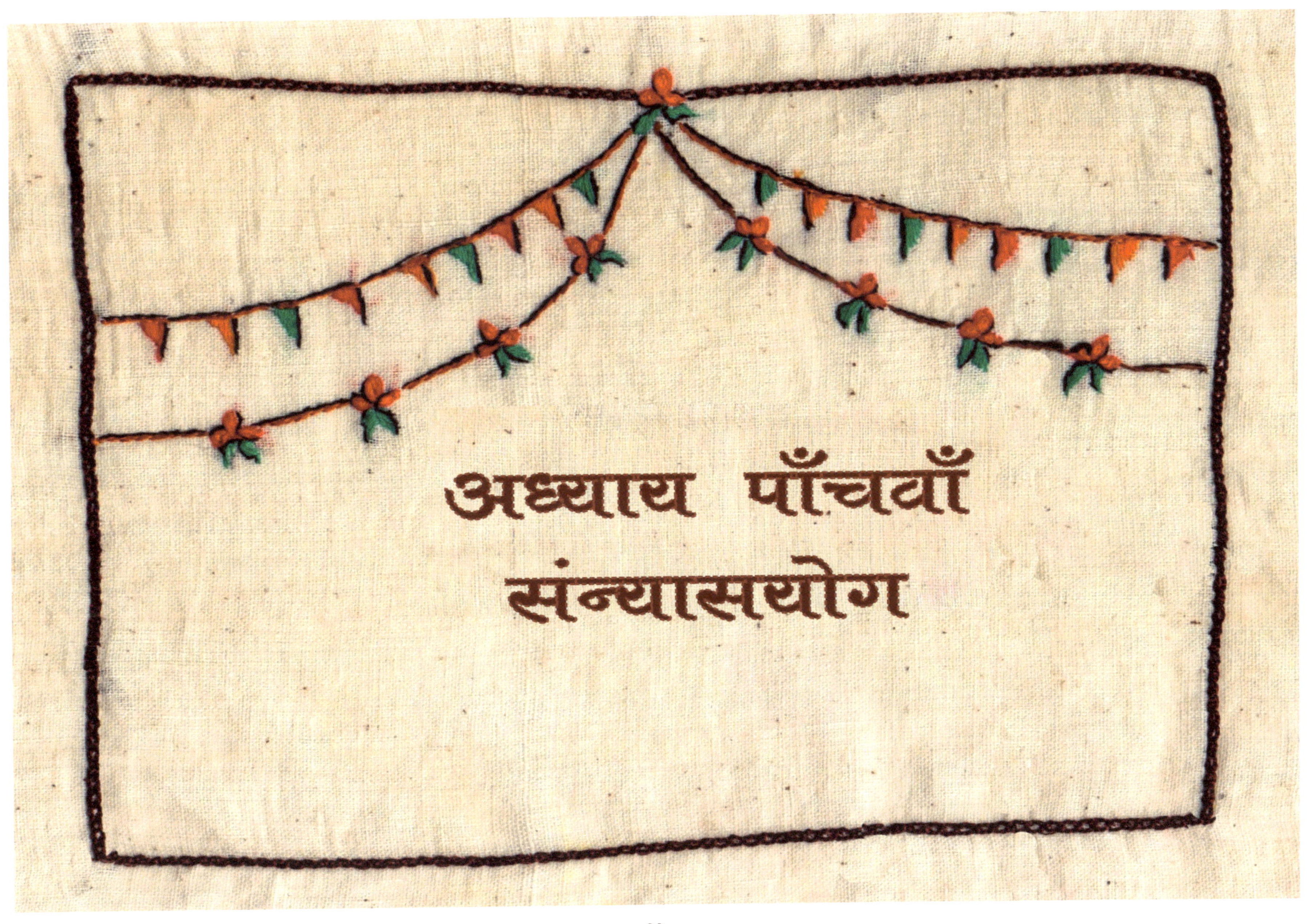
अध्याय पाँचवाँ
संन्यासयोग

।। अध्याय पाँचवाँ ।।
।। संन्याययोग ।।

अर्जुन भगवान से कहता है__ मुझे यह बात बताइये कि कर्मत्याग करना चाहिए या निष्काम कर्मयोग? इन दोनो में से मेरे लिए क्या अधिक उपयुक्त है?

भगवान कहते है__ कर्म त्याग और कर्मयोग दोनों ही मुक्ति देने वाले हैं। किंतु दोनो में से निष्काम कर्म करना अधिक श्रेष्ठ है। सुख - दुःख, राग - द्वेष, ऐसे द्वंद्वो से मुक्त व्यक्ति कर्म बन्धन से सहज मुक्त हो जाता है। सकाम कर्म, बन्धन का कारक होता है। और निष्काम कर्म, मोक्ष का कारण होता है। आत्मज्ञ व्यक्ति कर्म करके भी उसमे लिप्त नहीं होते हैं।

ब्रह्मण्याधाय कर्मणि संगं त्यकत्वा करोति यः ।
लिप्यते न स पापेन पद्मपत्रमिवामभसा ।।

जो अपने कर्मोको ब्रह्म को सौंप कर और कर्मफल की आसक्ति छोड़ कर, कतृत्वाभिमान छोड़ कर सारे कर्म करते है, वह जल में स्थित पद्मपत्र की तरह पाप से सदा दूर रहते हैं, मुक्त रहते हैं। वह शरीरधारी आत्मा ही रहते हैं। वे इस शरीर में सुखसे रहते हुए भी उनके आनंद में कोई बाधा नहीं आती है।

माया ही अज्ञान है, माया से ही कतृत्व का बोध होता है। ' अहं बुद्धि ' के कारण जीव को मोह प्राप्त होता है। आत्म स्वरूप का ज्ञान खो बैठता है। यह अहं बुद्धि, अज्ञान मिटने से ब्रह्म, आत्मरूप प्रगट होते हैं। तब 'सर्व खलविदं ब्रह्म ' दृष्टि से दिखता है। सब कुछ ब्रह्ममय, चैतन्यमय हो जाता है। और वो जीव जीवनमुक्त होते हैं। सुख- दुःख से परे, पाप रहित, संशय शून्य, आत्मानंद में मग्र और सब प्राणियों का कल्याण करके ब्रह्मभाव प्राप्त करते हैं। भगवान अब तक ब्रह्मज्ञानी के लक्षण बता रहे हैं। वे कहते है __जो विषयों को मन के बहार रख कर वायु को नाक के भितर प्राण और अप्राण वायु को सम भाव से स्थिर रख कर इंद्रिय और बुद्धि को वशीभूत करके भय और क्रोध छोड़ कर मोक्ष की ईच्छा करते हैं वो मुनि हैं। वे लोगों को और प्राणियों को परम मित्र जानकर शान्ति रूपी मुक्ति प्राप्त करते हैं।

यतेंद्रियमनोबुद्धिर्मुनिर्मोक्षपरायणाः ।
विगतेच्छाभयक्रोधो यः सदा मुक्त एव सः ।। २८ ।।

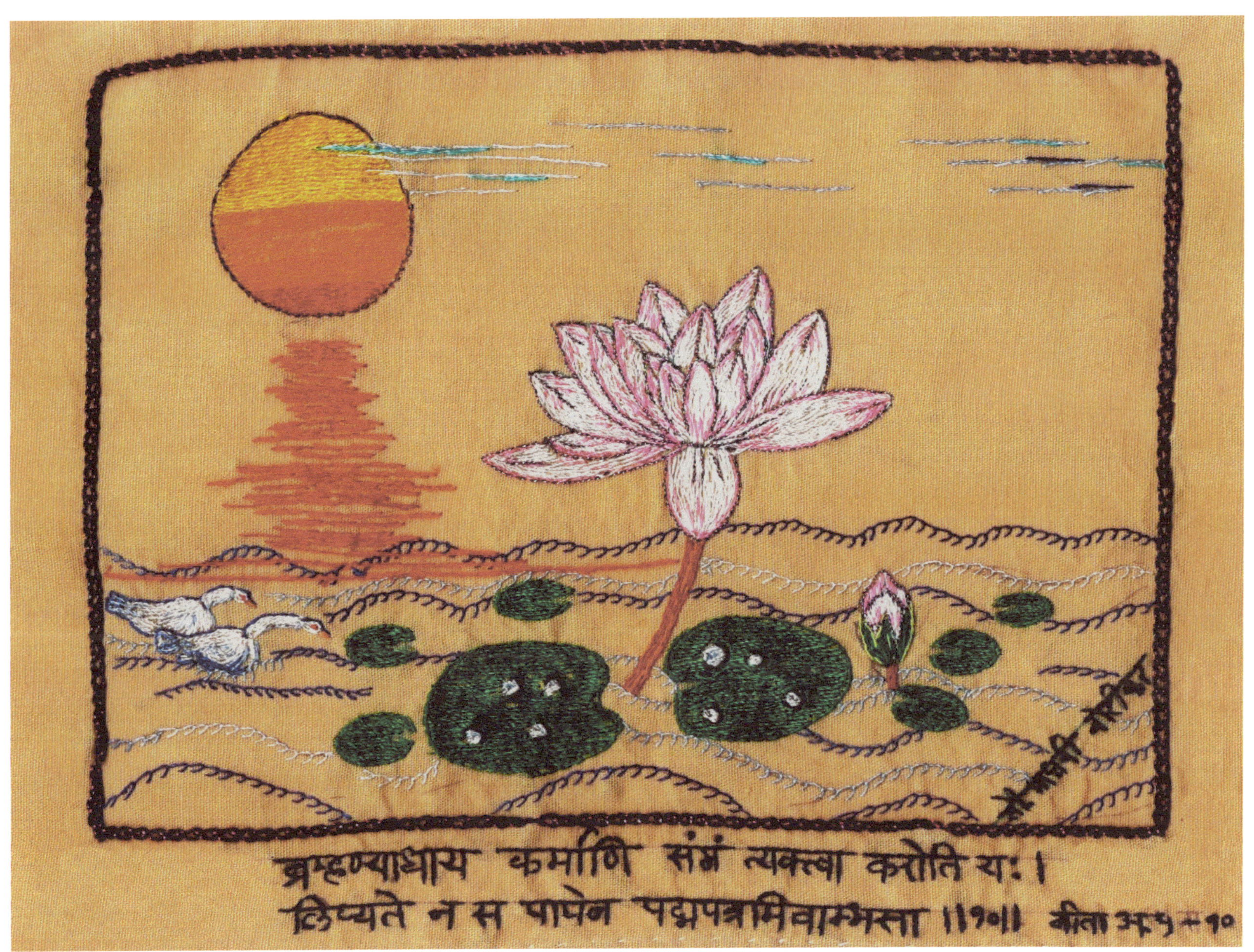
ब्रह्मण्याधाय कर्माणि संगं त्यक्त्वा करोति यः ।
लिप्यते न स पापेन पद्मपत्रमिवाम्भसा ॥१०॥ गीता अ०५-१०

25

कसीदाकारी में गीता

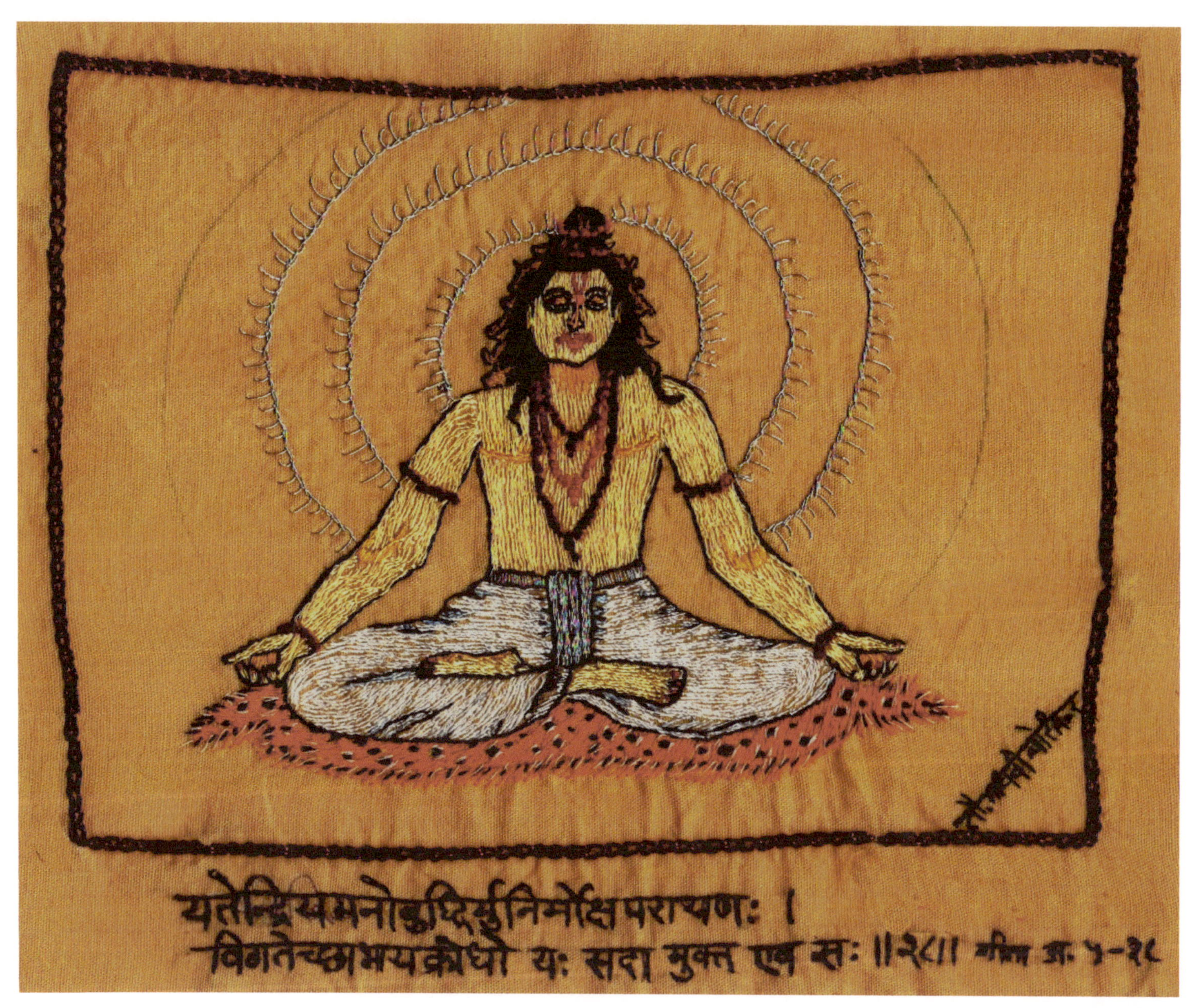
यतेन्द्रियमनोबुद्धिर्मुनिर्मोक्षपरायणः ।
विगतेच्छाभयक्रोधो यः सदा मुक्त एव सः ॥२८॥ गीता अ. ६-२८

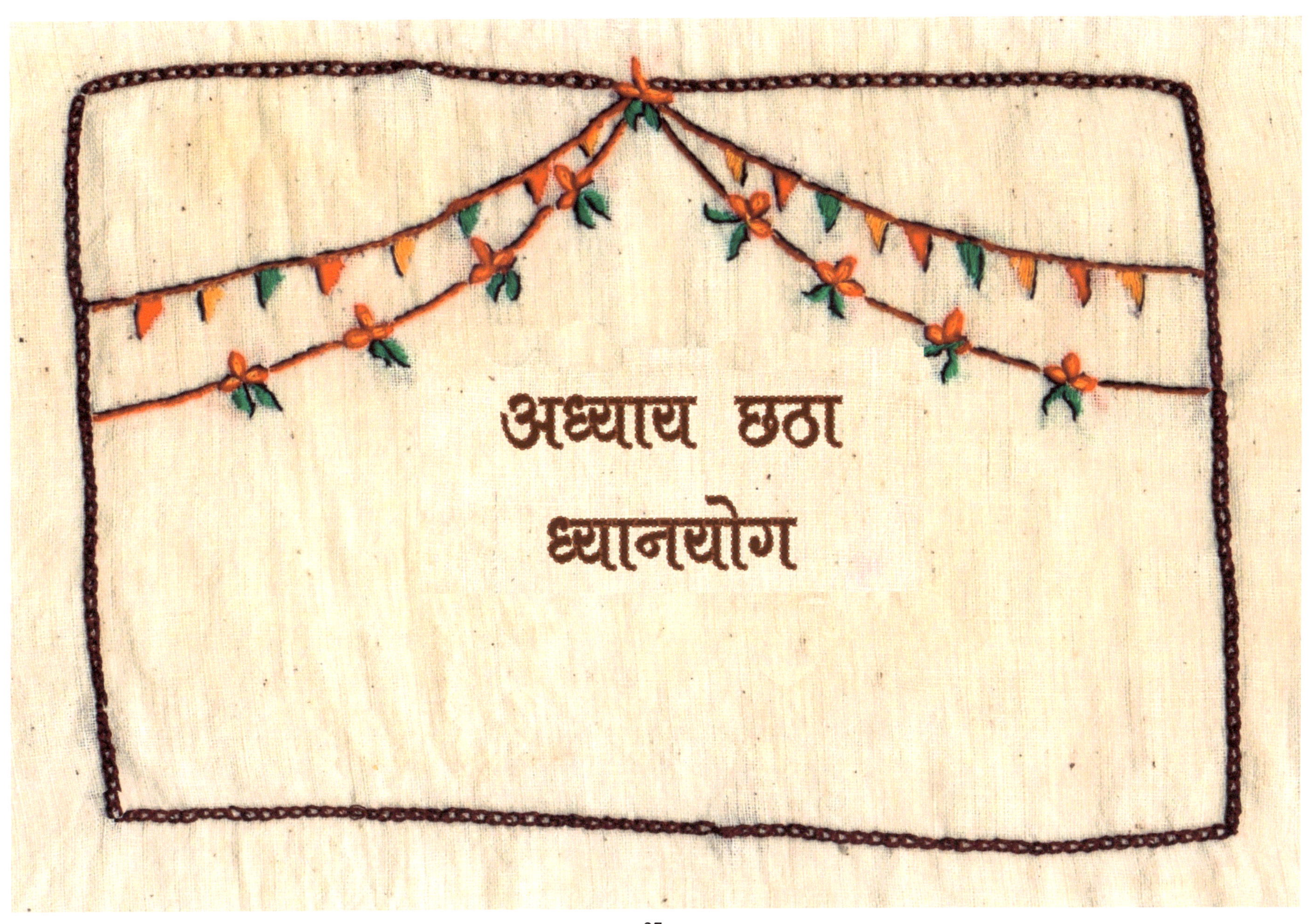

अध्याय छठा
ध्यानयोग

।। अध्याय छठा ।।
।। ध्यानयोग ।।

श्री भगवान कहते है __ हे अर्जुन! जिसे संन्यास कहते है, उसी को योग जानना चाहिए। सिर्फ कर्म का फल छोड़ देने से कोई भी योगी नहीं हो जाता है। ज्ञानयोगी होने के लिए चित्तशुद्धि के साथ फलकांक्षा का त्याग करना होता है। जो साधक ईहलोक व परलोक के सुखभोग और विषय भोग में आसक्त नहीं होते, उन्हें ज्ञानयोगी कहते हैं। विवेक युक्त बुद्धि द्वारा मन वशीभूत होता है। मन जीव का मित्र है, वह वश में नहीं रहा तो वासना में लिस जीव को हानि पहुँचाता है। पापी होता है। राग -- द्वेष, शीत -- उष्ण, सुख -- दुःखं, मान -- अपमान में विचलित नहीं होता है। जिसका मन मृत्तिका और सोने को समान मानता है, विषयों में निर्विकार रहता है, मित्र -- शत्रु, साधु-- पापी सब के प्रति समान बुद्धि रखनेवाला है वही ब्रह्मज्ञ पुरुष है। ऐसा पुरुष एकांत में शरीर और मन को संयत करके कामना रहित होकर अपना चित्त, आत्मा में स्थिर करता है। दिर्घकाल तक योगाभ्यास करता है। योगाभ्यास के लिए विशिष्ठ आसन पर बैठकर अंतरेंद्रिय व बहिरेंद्रियको संयत करके, एकाग्र भावसे जीवात्मा और परमात्मा की एकता का अभ्यास करता है। इस अभ्यास के लिए आहार, विहार, साधन, भजन, कर्म, निद्रा, जागरण सब नियंत्रित और नियमित होने चाहिये। योगी आत्मा में ही निश्चल भाव रखता है उसे योगसिद्ध पुरुष कहते हैं। हे अर्जुन, जो योगी ब्रम्हात्मस्वरूप होकर मुझमें ही रहता है, वह योगी श्रेष्ठ है।

सर्वभूतस्थितं यो मां भजत्येकत्वमास्थितः।

सर्वथा वर्तमानो sपि स योगी मयि वर्तते ।। ३१ ।।

समस्त प्राणियोंमे रहने वाला आत्मा मेरे ही रूप को देखता है। इसलिए सब प्राणियों की उपासना ईश्वर समझकर करते हैं। द्वैत बुद्धि समास होती है। मन चंचल होने से यह योग प्रास नहीं होता है। बार-बार अभ्यास करने से, मन संयत रखने से और शास्त्रविहित उपाय से यह प्रास होता है। स्वर्गलाभ की कामना रखने से और योग पूर्ण न होने से मुक्ति प्रास नहीं होती। जिसने पुण्य कर्म किये हैं, उनका फल उनको अवश्य मिलता है। कोई भी शक्ति या देवता इस नियम को तोड़ नहीं सकते। ज्ञानी योगियों के ही वंश में उसका जन्म होता है। मात्र इस प्रकार का जन्म इस संसार में दुर्लभ है। प्रत्येक जन्म के शुभ और अशुभ कर्म अंतःकरण में संचित रहते है। शुभ कर्म का फल शुभ प्रारब्ध में बदल जाता है। और साधक को अंतिम जन्म में ब्रह्मज्ञान तक पहुँचा देता है। यह मेरा मत है। हे अर्जुन, इसलिए तुम योगी हो जाओ।

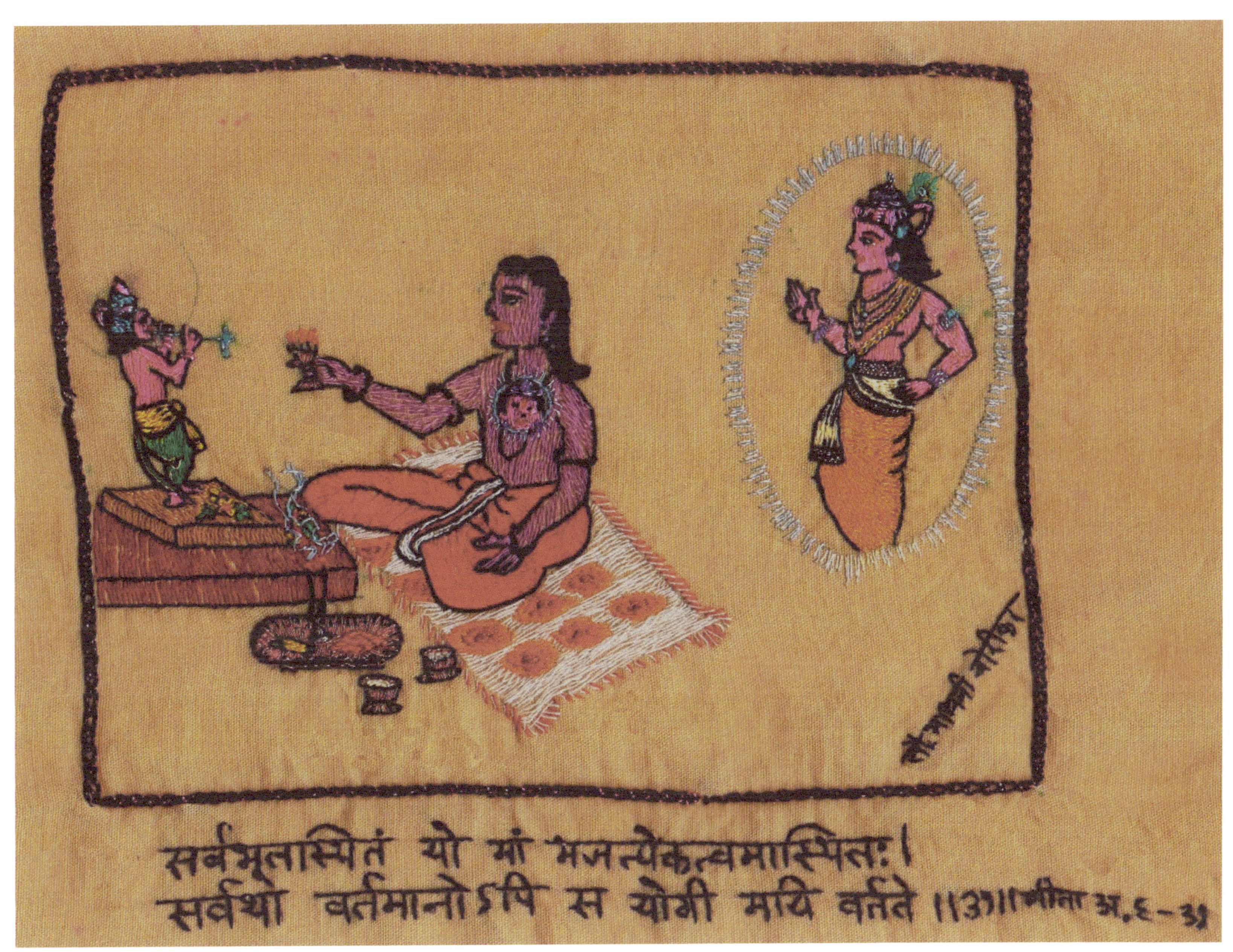

सर्वभूतस्थितं यो मां भजत्येकत्वमास्थितः।
सर्वथा वर्तमानोऽपि स योगी मयि वर्तते ॥३१॥ गीता अ.६–३१

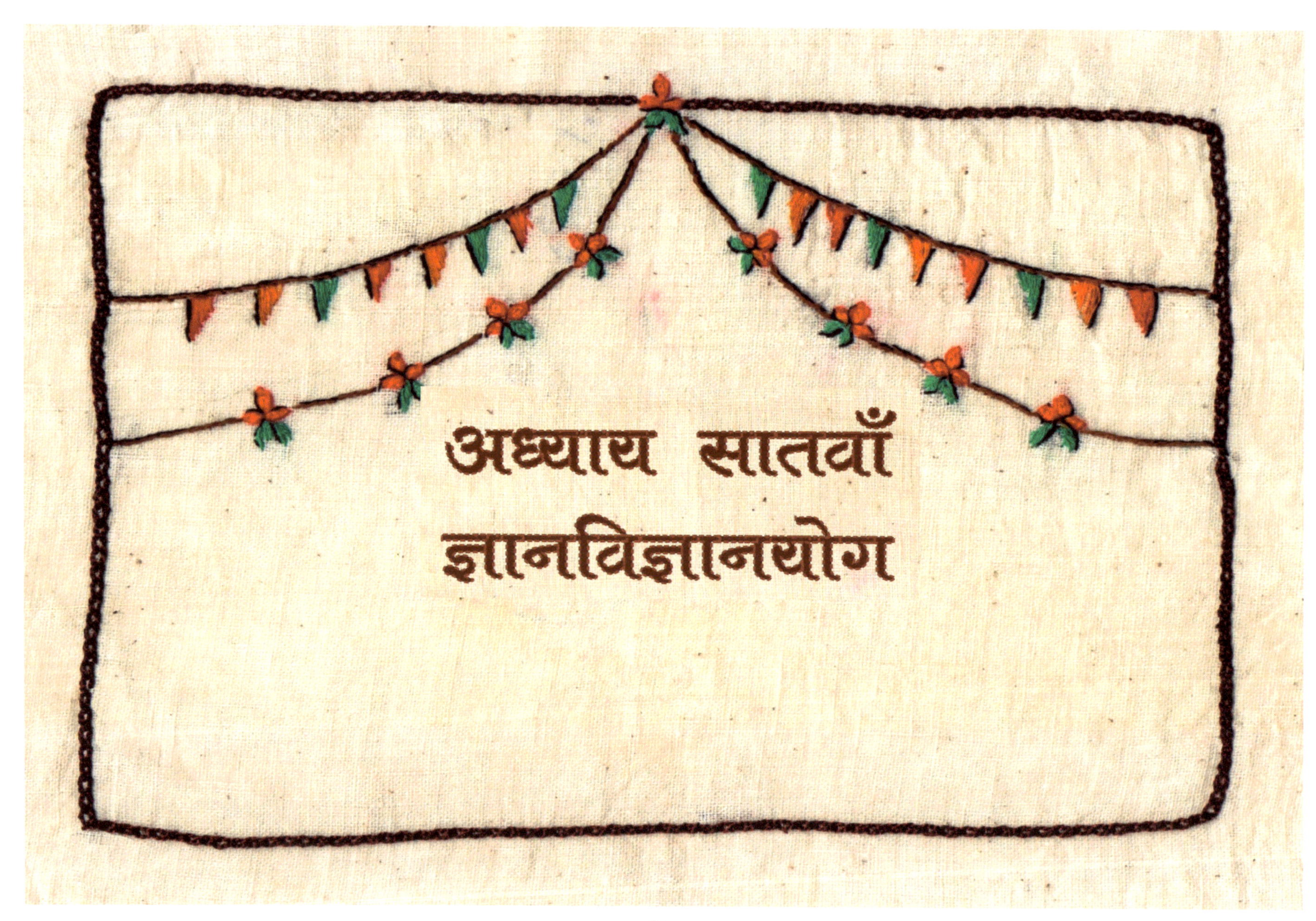

अध्याय सातवाँ
ज्ञानविज्ञानयोग

।। अध्याय सातवाँ ।।
।। ज्ञानविज्ञानयोग ।।

श्रीभगवान श्रीकृष्ण कहते है__ हे अर्जुन, मुझमें शरणागत होकर और योग युक्त रह कर पूर्ण विभूती, बल और ऐश्वर्य से युक्त मुझे निःसंशय रूप से जीस भाव से जानोगे, उस भाव को मेरे द्वारा सुनो -- मोक्ष मार्ग के संबंध में तुम्हे पूर्णतया बताउँगा।

यह जान की तुम्हें संपूर्ण ज्ञान हो जायगा। आत्मज्ञान प्राप्त करना दुर्लभ है और जो कोई आत्मज्ञान की सिध्दि प्राप्त करते हैं, उनमें भी कदाचित ही कोई मुझे स्वरूपतः जान पाता है। संसार की स्थिति का हेतु पदार्थों के सार रूप है। मुझसे श्रेष्ठ तत्व और कुछ भी नहीं है। धागे में गुँथी हुई मणियों की तरह यह समस्त जगत, साररूप होकर मुझमे विराजमान है।

प्राणियों के समस्त सात्विक, राजसिक और तामसिक भाव मुझसे ही उत्पन्न होते हैं। वे मुझसे हैं मगर मैं उनमें नहीं रहता हूँ। इन तीन गुणो से निर्माण भाव के कारण सब प्राणी प्रभावीत होकर मेरे निर्विकार स्वरूप को नहीं जान पाते। आर्त, जिज्ञासु, अर्थार्थी और ज्ञानी इन चार प्रकार के मनुष्यों को भगवान ने पुण्यवान और उदार कहा है।

तेषां ज्ञानी नित्ययुक्त एकभक्तिर्विशिष्यते।

प्रियो हि ज्ञानिनोऽत्यर्थमहं स च मम प्रियः ।। १७ ।।

इन चार प्रकार के भक्तो में सदा मुझमे चित्त संलग्न रखने वाले, केवल मेरी ही भक्ति करने वाले तत्त्वज्ञ व्यक्ति श्रेष्ठ हैं। क्योंकि मैं ही ज्ञानी का अत्यंत प्रिय हूँ। वह भी मेरे प्रिय है। वे मुझे ही आश्रय किये हुए हैं ।

जो-जो सकाम भक्त जिन-जिन देवताओं का भजन श्रद्धा से करना चाहते हैं, उन-उन भक्तों को उन्हिं देवताओं के लिए भक्ति प्रदान करता हूँ। रज, तम गुणोंसे वश छोटे-छोटे देवताओं की उपासना करते है, उन्हें मुक्ति की आशा नहीं है। उनकी निश्चित कामनाएँ मैं पूर्ण करता हूँ। क्योंकी उन देवताओं में भी मेरा अंश स्थित है। किंतु जिन पुण्य कर्म करने वाले लोगों के पाप का क्षय हो गया, सुख -- दुःख आदि द्वंद्व से मुक्त निश्चयी व्यक्ति मेरा भजन करते हैं और जो अधिभूत, अधिदैव और अधियज्ञ के साथ मुझे जानते हैं वे भक्त लोग मृत्यु के समय में भी मुझे स्मरण करते हैं। वे मेरे स्वरूप को प्राप्त करते हैं।

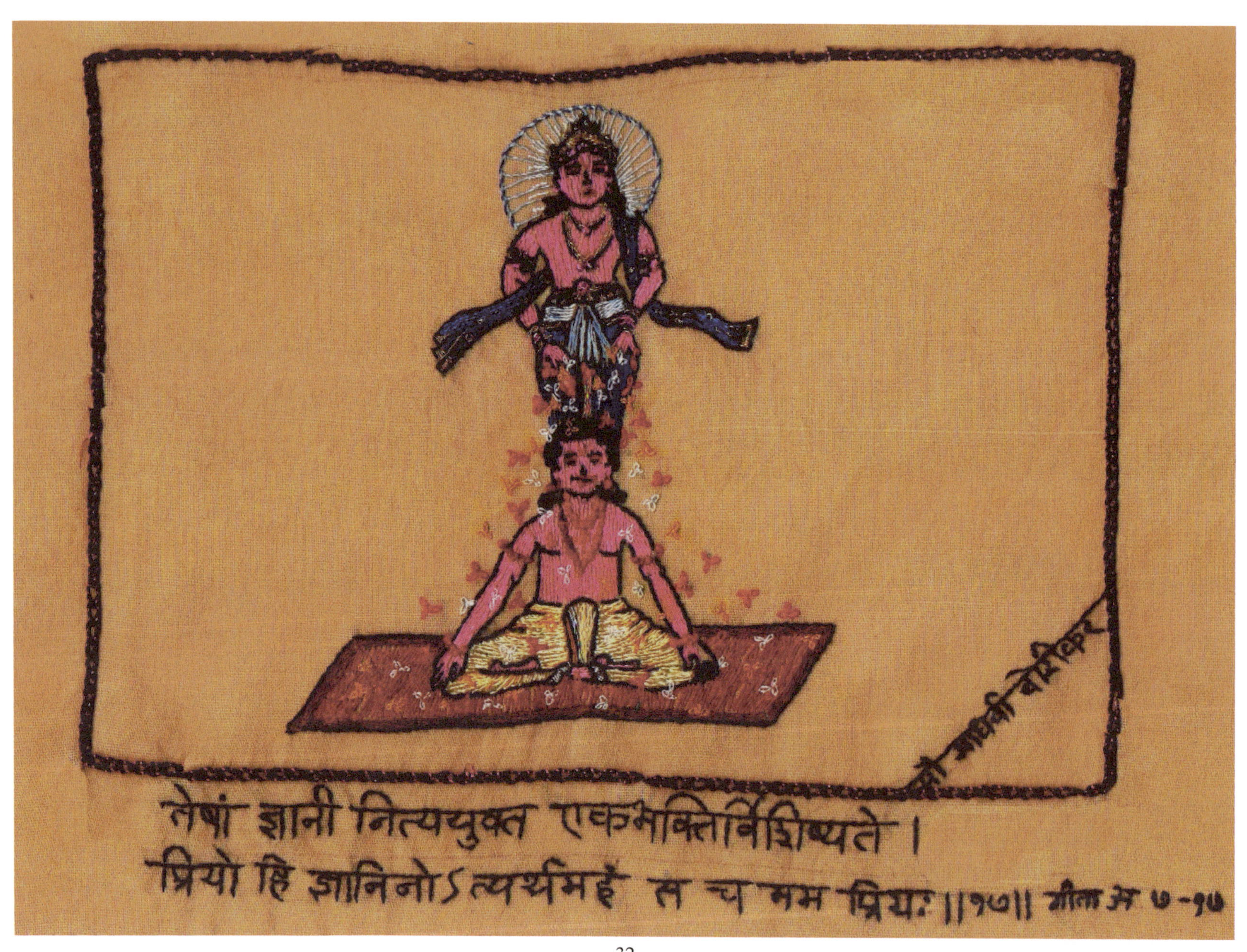

तेषां ज्ञानी नित्ययुक्त एकभक्तिर्विशिष्यते ।
प्रियो हि ज्ञानिनोऽत्यर्थमहं स च मम प्रियः ॥१७॥ गीता अ॰ ७-१७

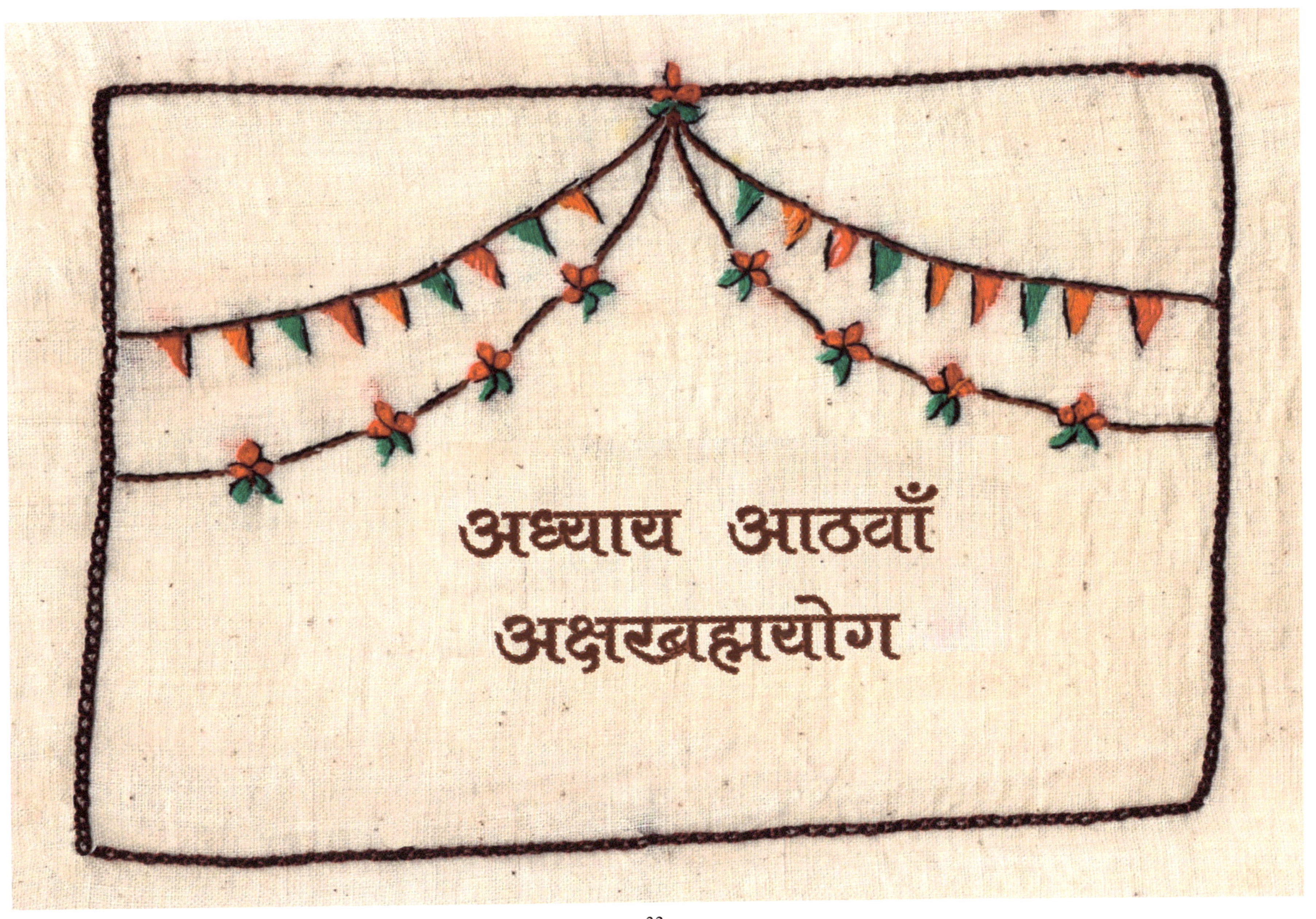

अध्याय आठवाँ
अक्षरब्रह्मयोग

।। अध्याय आठवाँ ।।
।। अक्षरब्रह्मयोग ।।

अर्जुन ने कहा __ हे पुरुषोत्तम श्रीकृष्ण __ वह ब्रह्म किस प्रकार है ? अध्यात्म क्या है, कर्म क्या है? अधिभूत और अधिदैव किसे कहते है?आगे कहते है __अधियज्ञ क्या है ?इस शरीर में अधिष्ठाता, प्रयोजक और फलदाता किस प्रकार है। उनकी चिंता कौसे की जाय ?और मृत्यु के समय इंद्रिय निग्रह करने वाले व्यक्ति कैसे जान सकते है ?

श्रीभगवान श्रीकृष्ण कहते है __ संसार का मूल कारण ब्रह्म है। प्रत्येक शरीर में अंतरस्थ आत्मभाव को अध्यात्म कहते है। प्राणीमात्र को उत्पन्न करनेवाला यज्ञ में द्रव्य आदि का अर्पण ' कर्म ' शब्द का वाच्य है। नाशवान शरीरादी पदार्थ अधिभूत है। पुरुष अर्थात हिण्यगर्भ देवताओंके अधिष्ठाता है, अर्थात अधिदैवत। और इस शरीर में यज्ञादि कर्मो के फलदाता भी मैं ही हूँ। विष्णू हूँ। मृत्यु समय मेरा स्मरण करके जो व्यक्ती शरीर छोडता है वह परलोक सिधर जाता है, मेरा स्वरूप प्राप्त करता है, इसमे कोई संदेह नहीं है। मृत्यु के समय जिस भाव का स्मरण करके मनुष्य शरीर छोडता है, उसी भाव को वह प्राप्त करता है। इसलिए हर समय मेरा ही मन और बुद्धि से स्मरण करो। तुम अवशय मुझे प्राप्त करोगे।

प्रयाणकाले मनसाsचलेन भक्त्या युक्तो योगबलेन चैव ।
भ्रुवोर्मध्ये प्राणमावेश्य सम्यक स तं परं पुरुषमुपैति दिव्यम् ।। १०।।

जो मनुष्य चिरंतन, सब के शासक, अणु से भी सूक्ष्म, सबका आधार, अचिंत्य स्वरूप, सूर्य के समान ज्योतिर्मय, अज्ञानांधकार से परे, विराजमान पुरुष का स्थिरचित्त से भक्तियुक्त, योगबल द्वारा दोनों भौहों के बिच प्राण को उत्तम रूप से धारण करके ध्यान करते हैं, वह उस दिव्य पुरुष को प्राप्त करते हैं। अनासक्त यति लोग ब्रह्मचर्य व्रत का अनुष्ठान करते हैं, वे समस्त इंद्रिय द्वारों को संयत करके अपने प्राण दोनों भौंहों के बिच धारण करके ॐ एकाक्षर ब्रह्म का उच्चारण करते हुए, मुझे स्मरण करते हुए शरीर छोडते हैं वे ईश्वर का स्वरूप प्राप्त करते हैं। जो जीवन भर मेरा स्मरण करते हैं वे मुझे ही प्राप्त करते हैं, वे दुःख ग्रस्त जन्म नहीं लेते, वे श्रेष्ठ मोक्ष प्राप्त करते हैं। समस्त प्राणी जिनके भितर स्थित हैं वह परम पुरुष, केवल भक्ति द्वारा प्राप्त होता है। अग्नि, प्रकाश, दिन, शुक्ल पक्ष और उत्तरायण के छः मास के काल में जीनकी मृत्यु होती है, वे लोग ब्रम्होपासक लोगों को प्राप्त करते हैं। उन्हें इस संसार में फिर से नहीं आना पड़ता। धूम, रात्री, कृष्णपक्ष और दक्षिणायन के छः मासों में जीनकी मृत्यु ओती है वह मृत्युलोग में आकर जन्म ग्रहण करते हैं।

हे पृथापुत्र अर्जुन __ ये दोनो मार्ग जान लेने पर कोई भी योगी पुरुष मोहग्रस्त नहीं हो सकता। बत्कि मोक्ष मार्ग का अवलोकन करके परमेश्वरनिष्ठ होता है। हे अर्जुन तुम सदा योग युक्त रहो।

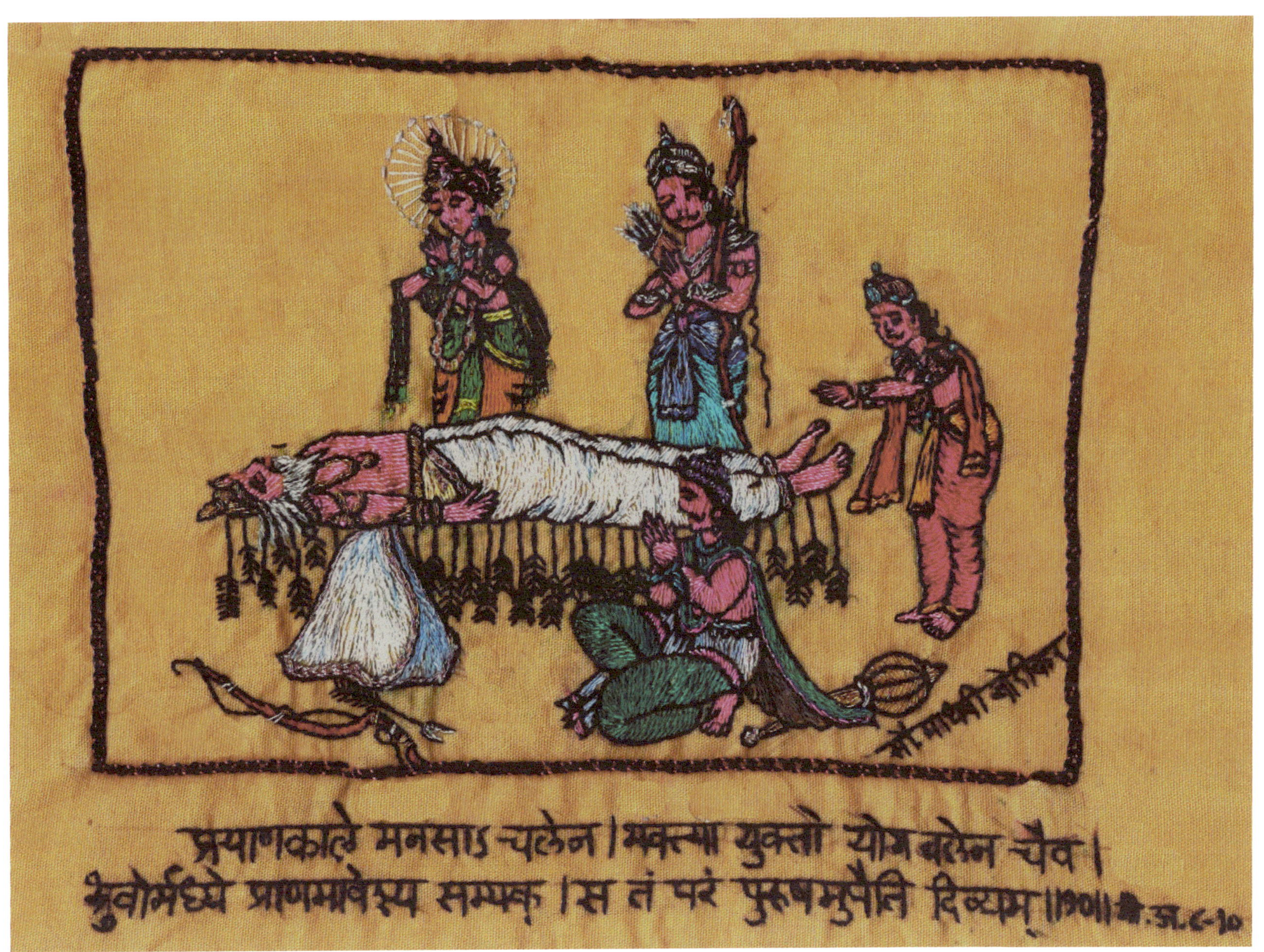

प्रयाणकाले मनसाऽचलेन। भक्त्या युक्तो योगबलेन चैव।
भ्रुवोर्मध्ये प्राणमावेश्य सम्यक्। स तं परं पुरुषमुपैति दिव्यम् ॥१०॥

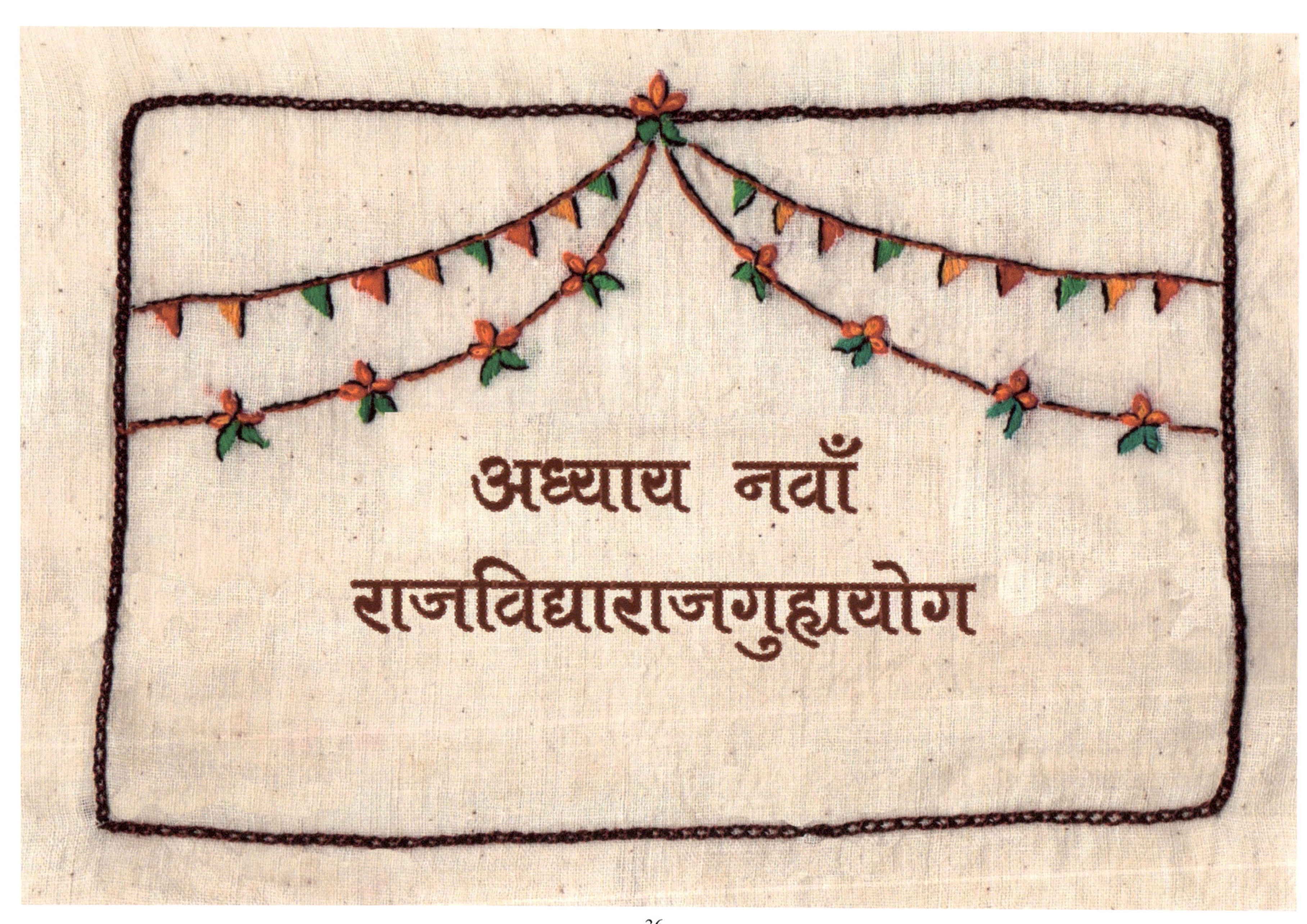

अध्याय नवाँ
राजविद्याराजगुह्ययोग

।। अध्याय नवाँ ।।
।। राजविद्याराजगुह्ययोग ।।

अश्रध्दानाः पुरूषा धर्मस्यास्य परंतप ।
अप्राप्य मां निवर्तंते मृत्यु संसारवर्त्मुनि ।। ३ ।।

जिसे जानकर तुम इस संसार बन्धन से मुक्त हो जाओगे ऐसा विशेष, अत्यंत गोपनिय, अनुभव सहित ब्रम्हज्ञान का उपदेश दे रहा हूँ ।
यह विद्या सभी विद्याओंमे श्रेष्ठ और अति गुढ़ है। इसे विद्याओं का राजा कहते हैं । यह पवित्र, उत्तम, प्रत्यक्ष अनुभव वाला, धर्म जनक और अक्षय फल
देने वाला है। धर्म के प्रति श्रध्दा हीन लोग मुझे न पाकर जन्म मृत्यु मे परिभ्रमण करते हैं। समस्त जगत मेरे अव्यक्त रूप मे व्याप्त है। समस्त भूत और
प्राणी मुझमे स्थित है , मैं उनमे नहीं हूँ। जिस प्रकार सर्वत्र गमनशीलवायु सदा आकाश में रहता है, उसी प्रकार समस्त भूत और प्राणी मुझमें स्थित हैं।
यह तत्त्व तुम जान लो। महाप्रलय काल मे समस्त भूत मेरी प्रकृती मे समा जाते है। और कल्प के आरंभ मे मै पुनः उनसे विश्व ब्रम्हांड की सृष्टि निर्माण
करता हूं । मै प्रकृती को वश करके, उसके ही सहाय्यता से उनके कर्मों के नुसार जन्म-मृत्यु के आधिन इन समस्त प्राणियोंकी बार-बार सृष्ट करता हूँ। हे
अर्जुन मुझे वे सब कर्म बुद्ध नहीं कर सकते, कारण उन कर्मों में मैं उदासिन रहता हूँ। मेरे आज्ञा से ही प्रकृती (त्रिगुणात्मक माया) चराचर सृष्टि करती है
इस कारण यह विश्व बारबार उत्पन्न होता है। मनुष्य के ईश्वर स्वरूप श्रेष्ठ भाव को जानकर मैंने मनुष्य शरीर धारण किया है। मगर यह बात न
जानकर निष्फल, कामना युक्त, अहंकारी, हिंसक प्रकृती वाले वाले विलासी स्वभाव के लोग मेरी अवज्ञा करते हैं। किंतु सात्विक स्वभाव वाले महात्मा
लोग मुझे प्राणियों के मूल कारण, सनातन जानकर भजते हैं। नित्य युक्त रहकर मेरी उपासना करते हैं। और अन्य लोग भगवद् बुध्दि से आराधना करते
हैं। इस संसार का जन्मदाता मैं ही हूँ। , कर्मफल दाता मै ही हूँ। एकाग्र मन से मेरी उपासना करते हैं उनका योग--क्षेम मैं चलाता हूँ। जो निष्काम
साधक मुझे भक्ति से तुलसी पत्र, फूल, फल, जल, प्रदान करते हैं, वे शुध्द पवित्र भक्ति के द्वारा मुझे आकर मिलते हैं।

पत्रं पुष्पं फलं तोयं यो मे भक्त्या प्रयच्छति ।
तदहं भक्तुपह्हतमश्रामि प्रयतात्मनः ।। २६ ।।

तुम जो कुछ करते हो अर्थात गमन, आगमन, भोजन, हवन , दान या तपश्चरण सभी मुझे समर्पण करते रहो। मुझे सभी प्राणी समान
हैं । मेरा भक्त कभी नष्ट नही होता ये निश्चित रूपसे जान लो।

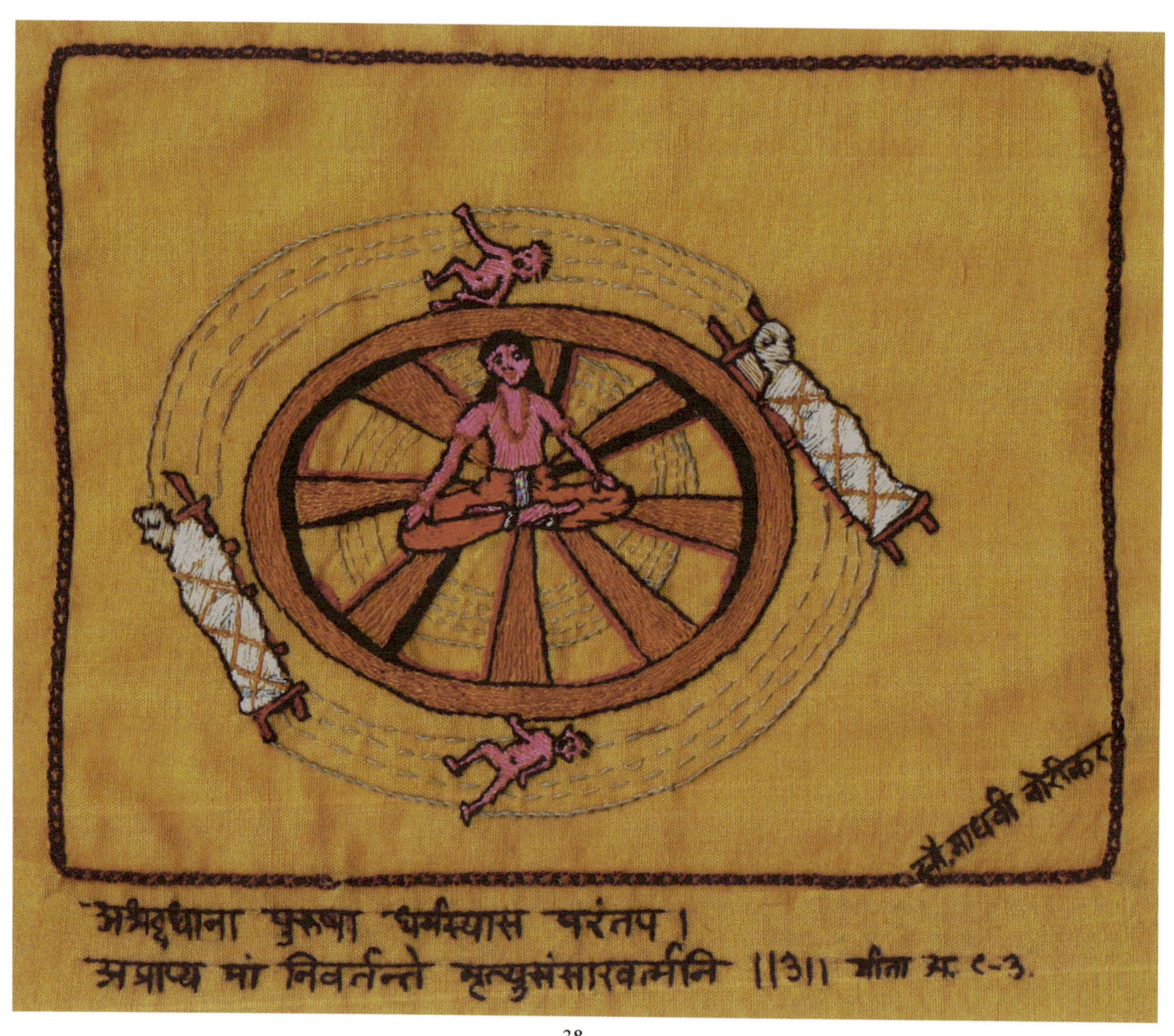

अश्रद्दधाना पुरुषा धर्मस्यास्य परंतप ।
अप्राप्य मां निवर्तन्ते मृत्युसंसारवर्त्मनि ॥३॥ गीता अ. ९-३.

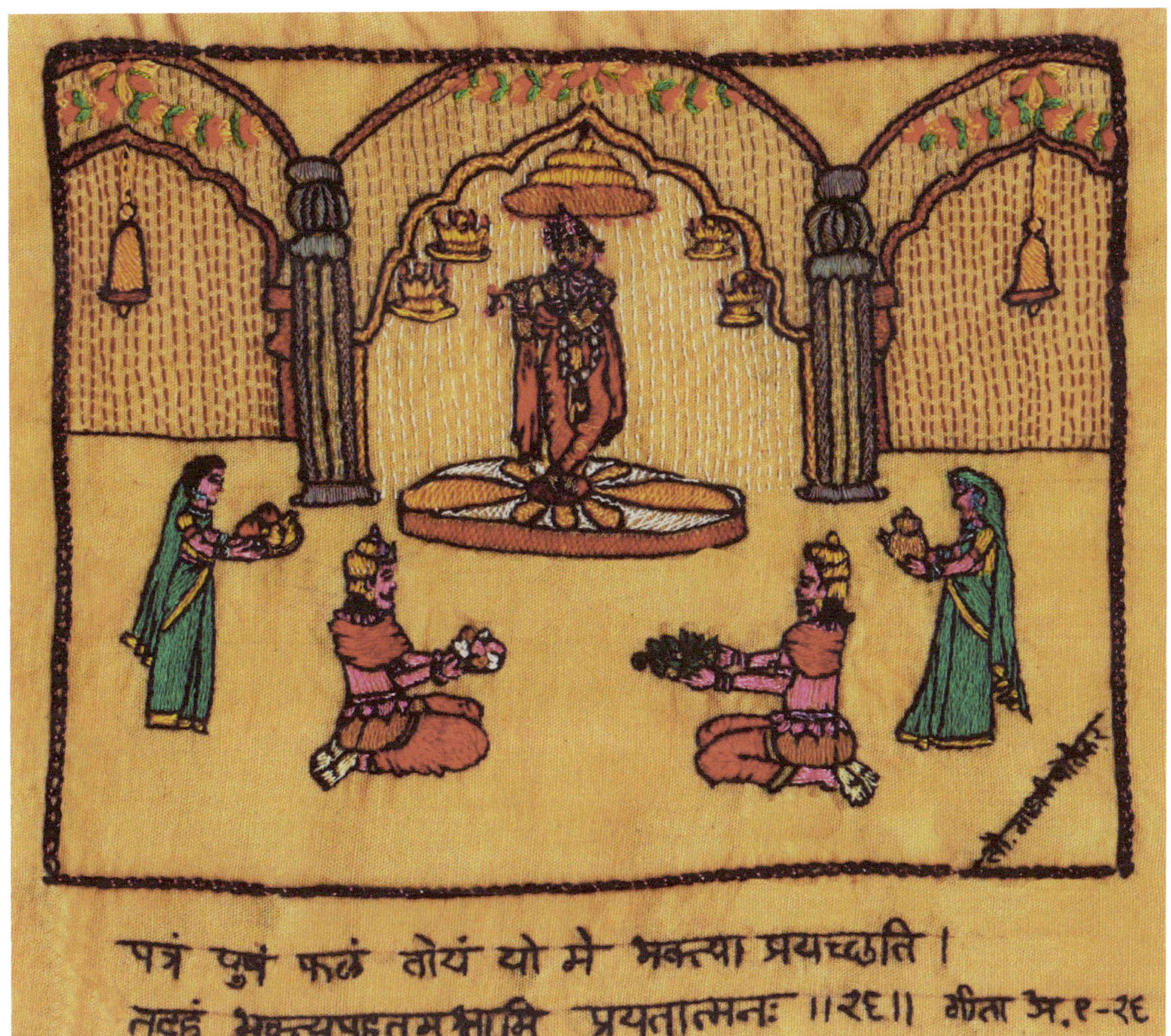

पत्रं पुष्पं फलं तोयं यो मे भक्त्या प्रयच्छति ।
तदहं भक्त्युपहृतमश्नामि प्रयतात्मनः ।।२६।। गीता अ.९-२६

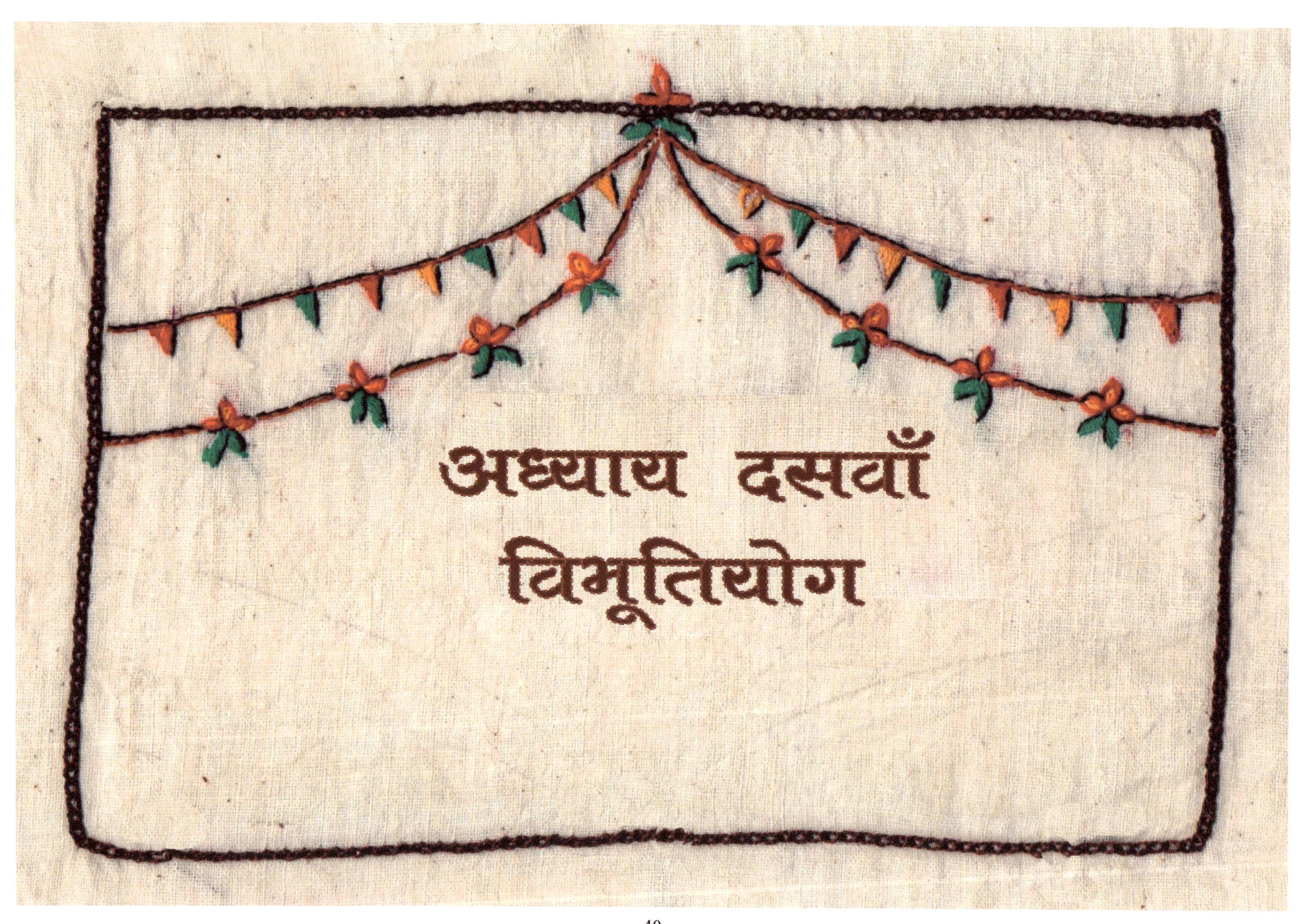

अध्याय दसवाँ
विभूतियोग

।। अध्याय दसवाँ ।।
।। विभूतियोग ।।

भगवान श्रीकृष्ण कहते है __ हे अर्जुन, तुम मेरा परमतत्व समझाने के लिए उन विभूतियों को और अपनी भक्ति के लिए मेरा प्रभाव युक्त वचन फिर से सुनो। मेरा महात्म्य, देवता या महर्षि नहीं जानते, क्योंकी मैं उनका आदि कारण हूँ। मेरी कृपा बिना मुझे कोई नहीं जान सकता। बुद्धि, ज्ञान, क्षमा,सत्य, इंद्रियोंका संयम, सुख, दुःख,उत्पत्ति, विनाश,भय,अहिंसा, सात महर्षि, सनक आदि चार महर्षि, चतुर्देश मनु ये सारे मुझसे ही उत्पन्न हुए हैं। मैं समस्त संसार का उत्पत्ति स्थान हूँ। जिनका हृदय मुझे धारण करता है और श्रद्धा से मेरी आराधना करता है ऊन्हे मैं अपने संबंध का ज्ञान देता हूँ। वे अंतःकाल में मुझे प्राप्त करते है।

तेषां सततयुक्तानां भजतां प्रीतिपूर्वकम् ।

ददामि बुद्धियोगं तं येन मामुपयान्ति ते ।। १० ।।

जो भक्त श्रद्धा से मेरी आराधना करते हैं, उन्हें मैं ज्ञान प्रदान करता हूँ। जिस सात्त्विक बुद्धि के वे अंतःकाल में मुझे प्राप्त करते हैं, उनके अन्तर में मैं बुद्धि रूप ज्ञान का दिप प्रज्वलित करके अविद्या का अन्धकार दूर करता हूँ। भगवान की विभूति के बारे मे, भगवान के मुख से सुन ने के लिए अर्जुन उनकी स्तुति करता है -- हे पुरुषोत्तम, तुम जन्म रहित और सर्वव्यापी हो, तुम्हारा प्रकाश देवता और दानव नहीं जानते, तुम स्वयं ही अपने द्वारा अपने को जानते हो। इसलिए इन अलौकिक विभूतियों को तुम ही कह सकते हो। तुम अपने योगैश्वर्य विभूतियों को विस्तार से बताओ।

भगवान श्रीकृष्ण कहते हैं __ हे अर्जुन, समस्त प्राणियोंका आत्मा मैं ही हूँ। उनका उत्पत्ति -- स्थिति और लय -- स्थान मैं ही हूँ। आदित्यों में मैं विष्णू हूँ। ज्योतियों में मैं सूर्य, नक्षत्रोंमे मैं चंद्र, देवताओं में मैं इंद्र,रूद्रो में शंकर, वायुओं में मरीचि, जलाशयों में में समुद्र हूँ। वाणी में एकाक्षर ॐकार, वृक्षों में पिपल मैं, गजेंद्रो में ऐरावत मैं, तेजस्वी लोगोंका तेज मैं, जय मै, निश्चय मैं ही हूँ। हे अर्जुन मेरे विभूतियों का अंत नहीं है। जो कुछ ऐश्वर्य युक्त, संपन्न या विशेषता पूर्ण है। मेरा ही एक प्रकाश मात्र है। मैं ही एकांश में समस्त जगत व्याप्त किये हुए हूँ। हे अर्जुन, तुम मेरा स्मरण करके इस योग के मार्ग से चलते रहे, तो तुम मुझे ही आकर मिलोगे।

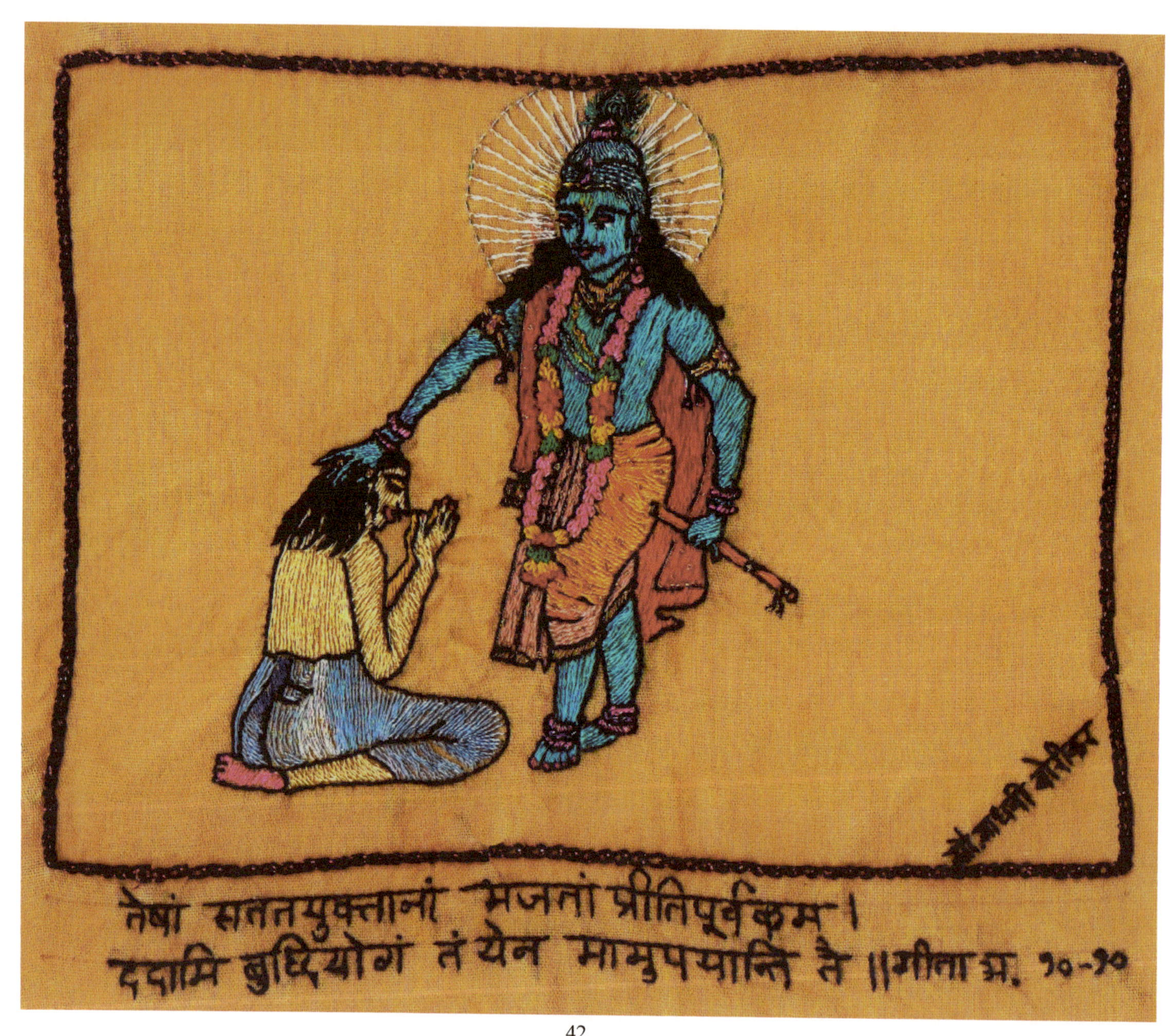

कसीदाकारी में गीता

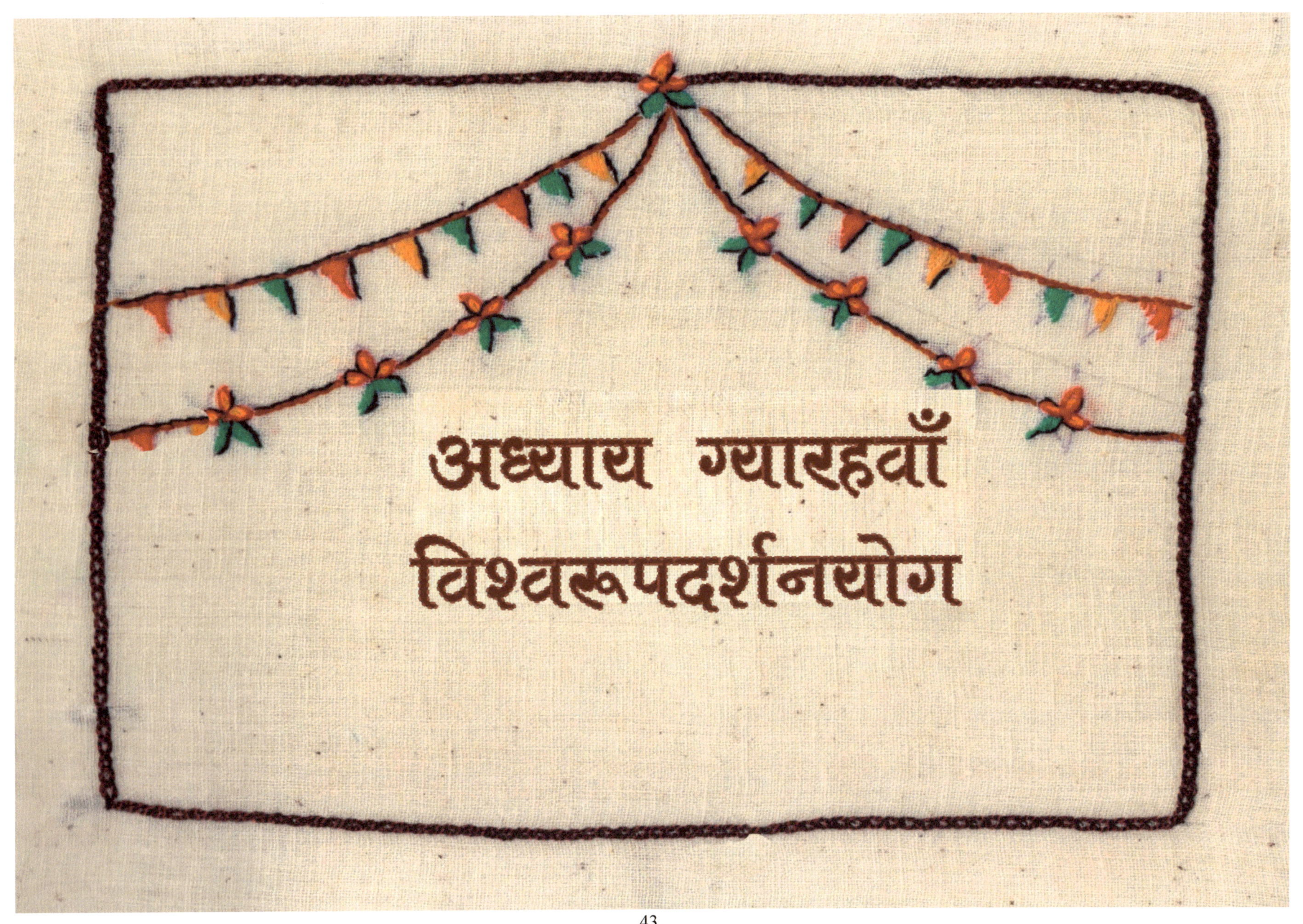

अध्याय ग्यारहवाँ
विश्वरूपदर्शनयोग

।। अध्याय ग्यारहवाँ ।।
।। विश्वरूपदर्शन योग ।।

भगवान को अर्जुन ने विश्व रूप दर्शन के लिए प्रार्थना की थी। भगवान कहते हैं, तुम अपने इस चक्षु से देख न सकोगे, इस कारण तुम्हे मैं अलौकीक चक्षु देता हूँ। और उन्होने प्रसन्न होकर अपना ईश्वरीय रूप दिखाया। वह विराट विश्वरूप अनेक मुख और चक्षुओंसे युक्त, अनेक अद्भूत पदार्थों से भरा, अलौकिक अलंकारोंसे सुशोभित और दिव्य अस्त्र - शस्त्रोंसे सुसज्जित, देवताओं, पितरों, मनुष्यों आदि नाना रूपों से भरा हुआ समस्त जगत अर्जुन ने एक ही स्थान में देखा।

पश्यामि देवांस्तव देव देहे सर्वांस्तथा भूतविशेषसङ्घान् ।
ब्रम्हाणमीशं कमलासनस्थभृर्षींश्च सर्वानुरंगाश्च दिव्यान् ।। १५ ।।

भगवान श्रीकृष्ण अर्जुन को जिस विश्वरूप का दर्शन कराया था, वह यथार्थ में ही अद्भूत, अनिर्वचनिय था। वह विश्व रूप पूर्ण, सर्वव्यापी, आदि - अंत- मध्य रहित तथा जोतिर्मय था। विश्व के जन्म - स्थिती - लय भी उन्हीं में ही हो रहे है। विश्वरूप का दर्शन पा कर अर्जुन आश्चर्य चकीत हुआ। उसका सर्वांग रोमांचित हुआ। अर्जुन ने अनुभव किया कि सभी लोग आश्चर्य चकित होकर भगवान को देख रहे है। स्वयं अर्जुन विश्व रूप देखकर भय से चकित हुआ था।

वक्त्राणि ते त्वरमाणा विशन्ति दंष्ट्राकरालानि भयानकानि ।
केचिद्विलग्ना दशनांतरेषु संदृश्यंते चूर्णितैरूत्तमाङ्गै ।।२७।।

उस विराट पुरुष के भितर से ही यह सृष्टि - प्रपंच प्रकाशीत हो रहा है। वही सब कुछ धारण किया हुआ है और अंत में सब को वही अपने में समा लेते है। मनुष्य भयंकर वेगसे मृत्यु के लिए ही तुम्हारे मुखों में प्रवेश कर रहे है। अर्जुन कहते है - हे जगदीश्वर, तुम्हारा महात्म्य न जानकर, अज्ञान वश या प्रेम के कारण, मैने तुम्हारा अपमान किया, मैं इस की क्षमा मांगता हूँ। तुमसे बडा अन्य कोई नहीं। वह पूर्व रूप. ही मुझे फिर से दिखाओ। मैं तुम्हे उसी तरह गदा और चक्र लिए हुए देखना चाहता हूँ। पूर्व रूप से ही विराजमान हो जाओ। भगवान कहते है ___ जिस विश्वरूपका तुमने दर्शन किया है, वह देवताओं को भी दुर्लभ है। तुम मेरे भक्त हो, तुम्हारी प्रार्थनासे प्रसन्न होकर तुम्हे दुर्लभ विश्वरूप दिखाया। मैं ही तुम्हारा परमगती हूँ। समस्त कर्मो का कर्ता मैं ही हूँ। ऐसा समझकर तुम अनासक्त चित्त से युद्ध करते रहो। यही श्रीकृष्ण का निर्देष है।

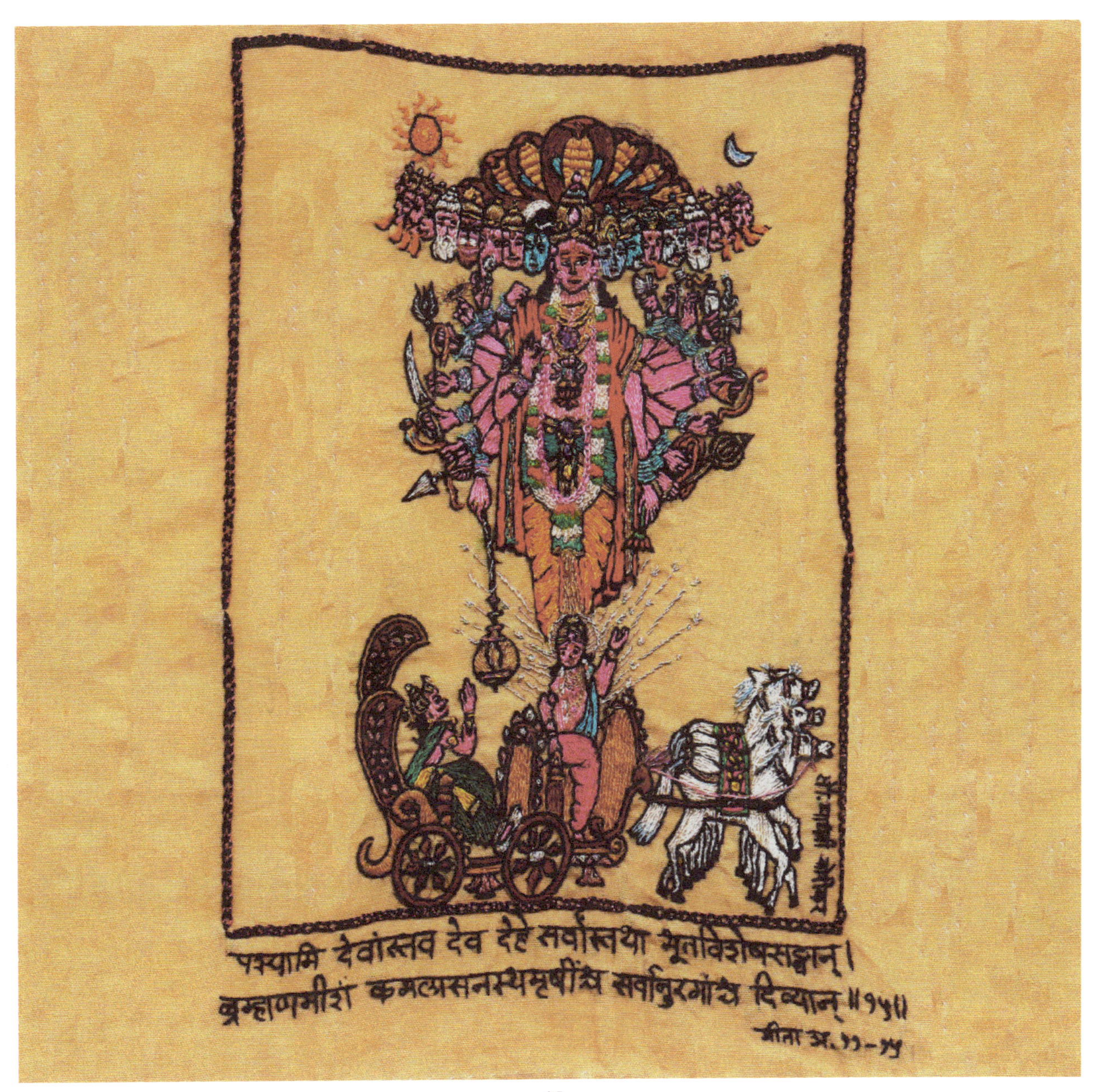

पश्यामि देवांस्तव देव देहे सर्वांस्तथा भूतविशेषसङ्घान् ।
ब्रह्माणमीशं कमलासनस्थमृषींश्च सर्वानुरगांश्च दिव्यान् ॥१५॥
गीता अ. ११-१५

कसीदाकारी में गीता

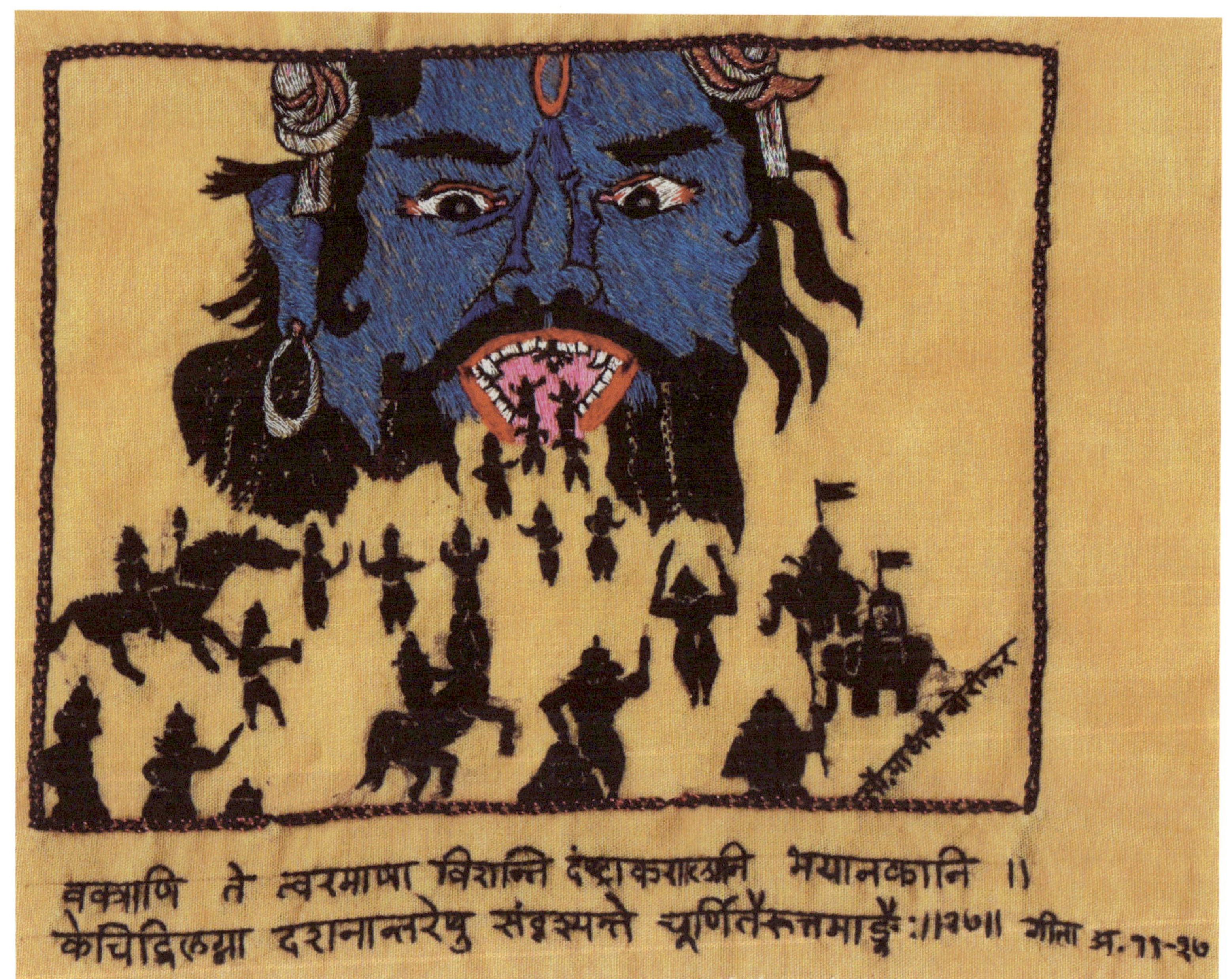

वक्त्राणि ते त्वरमाणा विशन्ति दंष्ट्राकरालानि भयानकानि ।
केचिद्विलग्ना दशनान्तरेषु संदृश्यन्ते चूर्णितैरुत्तमाङ्गैः ॥२७॥ गीता अ. ११-२७

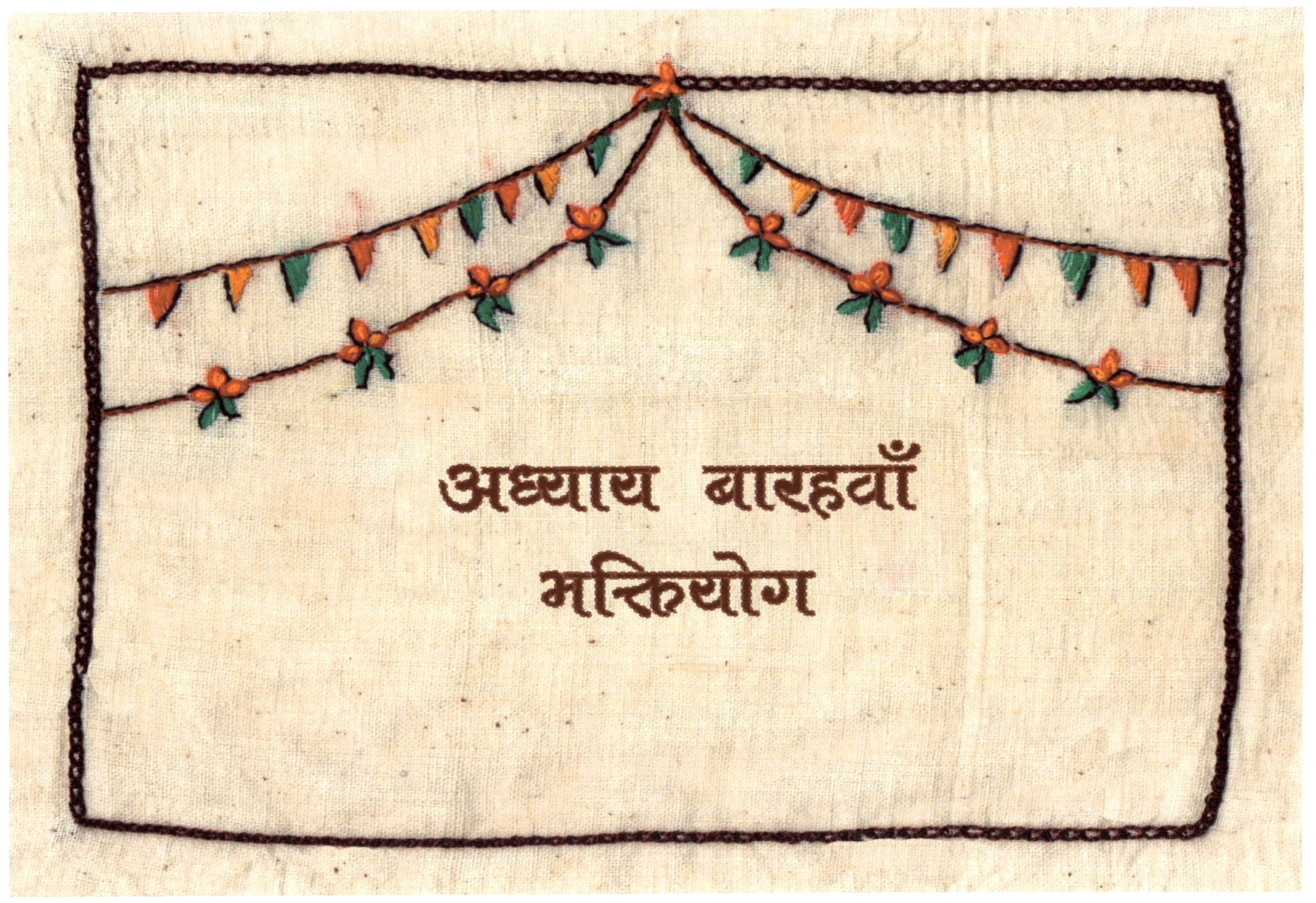

अध्याय बारहवाँ
भक्तियोग

।। अध्याय बारहवाँ ।।
।। भक्ति योग ।।

यह अध्याय भक्ति साधन के लिए विशेष महत्व पूर्ण है। अर्जुन भगवान से पुछते हैं -- हे भगवान, जो भक्त सदा एकनिष्ठ होकर तुम्हारी उपासना करते हैं और जो लोग अव्यक्त अक्षर ब्रह्म की उपासना करते हैं, इन दोनो में कौन श्रेष्ठ है? अर्जुन ने ब्रम्होपासना और निर्गुण ब्रम्होपासना में कौन श्रेष्ठ है यह पुछा है। भगवन कहते हैं -- जो लोग परम श्रद्धा के साथ मेरी उपासना करते हैं,उनका मैं इस मृत्युमय संसार से उध्दार करता हूँ।

तेषामहं समुद्धर्ता मृत्यु संसार सागरात् ।
भवामि नचिरात्पार्थ मय्यावेशितचेतसाम् ।। ७ ।।

तुम मुझमे ही मन को स्थिर रखो, मन को स्थिर न रख सके तो, अभ्यास योग द्वारा मुझे पाने की चेष्टा करो, अभ्यास सफल ना हो सके तो, पूजा -- पाठ, श्रवण -- किर्तन आदि कर्मों का उपयोग करो, क्योंकी ऐसे कर्मों को करते रहने से चित्तशुध्दि होती है। भक्त का हृदय भगवान की बैठक है। यह सब करने में समर्थ न हो तो सब कर्म मुझे अर्पण करो, कर्मों का फल त्याग करो।

भगवान को प्रिय होने के लिए जो स्वाभाविक आनंद, क्रोध, भय से दूर होकर निरंतर मेरे ध्यान में तल्लीन रहता है, उन्हीं का भजन करता है, जो सकाम कर्मों का त्याग करता है, अंदर-बाहर पवित्र है, शत्रु -- मित्र समान, मान -- अपमान समान, शीत -- उष्ण समान, सुख -- दुःख समान, अनासक्त, स्थिर बुद्धि संपन्न, मेरे प्रति एकनिष्ठ रहते हैं, वे भगवान के अत्यंत प्रिय होते हैं। भगवान उनका इस संसार सागर से उध्दार करते हैं।

इस अध्याय में विशेष रूप से भक्तिमार्ग से ईश्वर प्राप्ति का मार्ग बताया गया है। इस कारण इस अध्याय का नाम भक्तियोग रखा गया है।

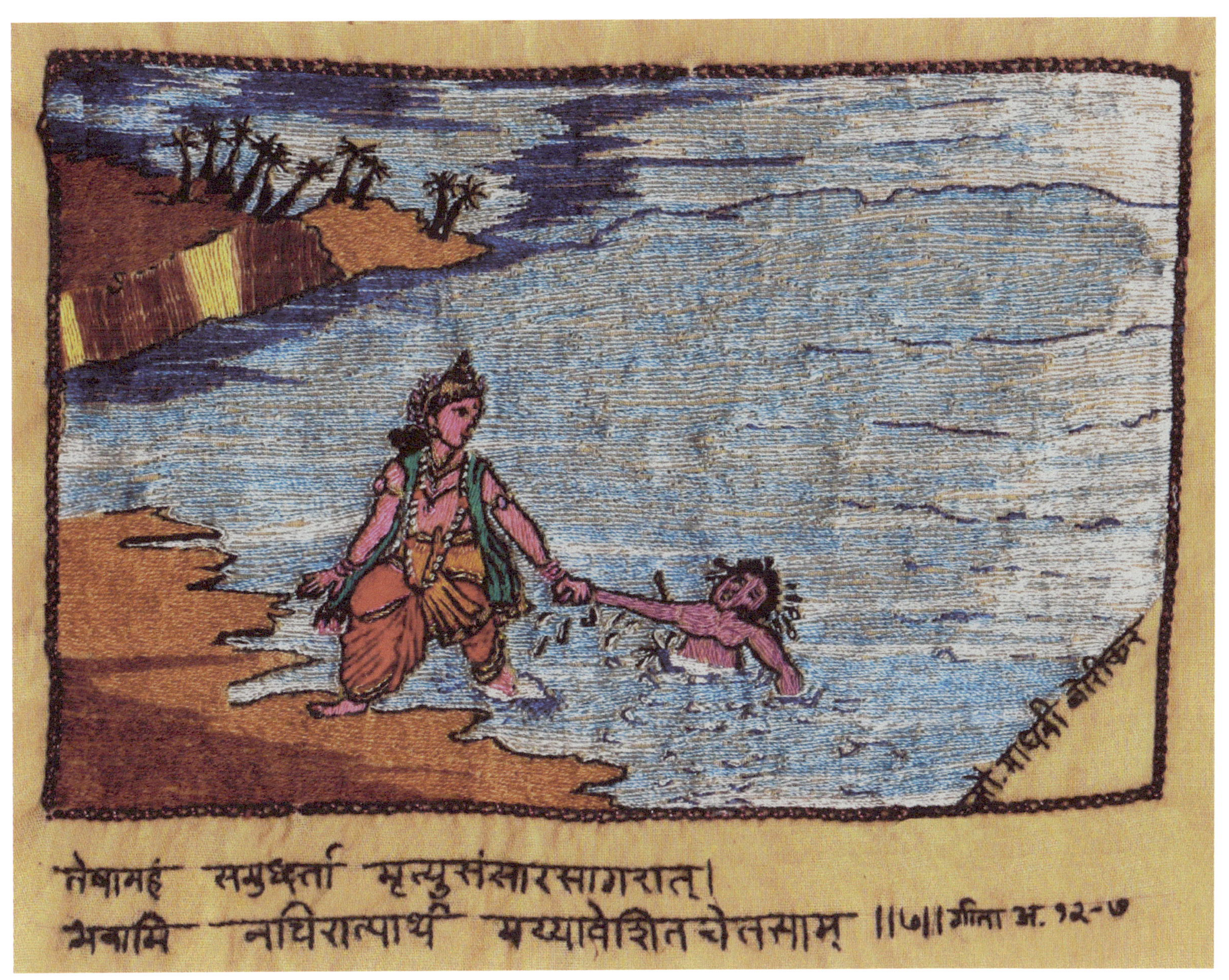

तेषामहं समुध्दर्ता मृत्युसंसारसागरात् ।
भवामि नचिरात्पार्थ मय्यावेशितचेतसाम् ॥७॥ गीता अ. १२-७

कसीदाकारी में गीता

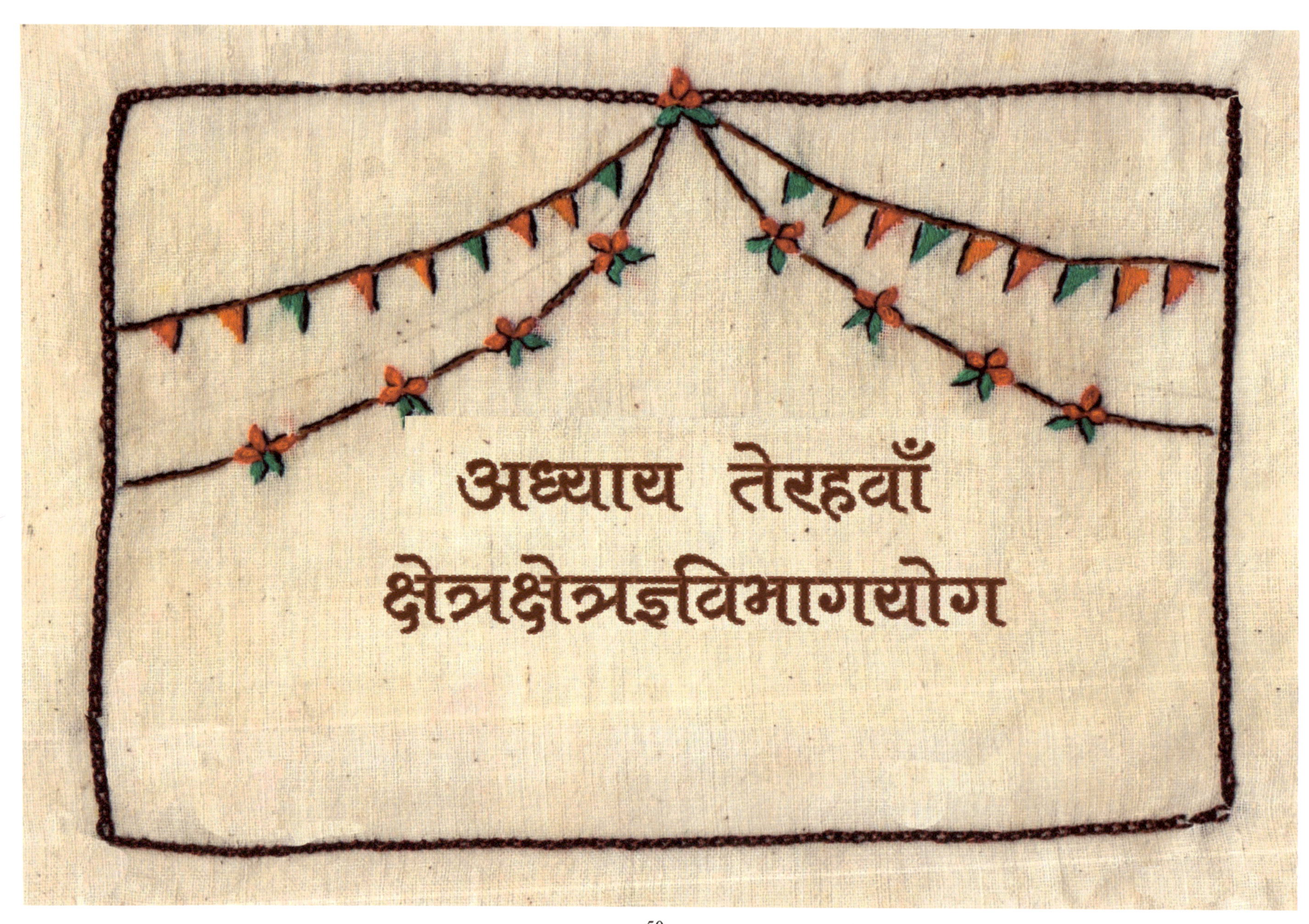

अध्याय तेरहवाँ
क्षेत्रक्षेत्रज्ञविभागयोग

।। अध्याय तेरहवाँ ।।
।। क्षेत्रक्षेत्रज्ञविभागयोग ।।

इस अध्याय को प्रकृति--पुरुष विभाग योग भी कहते हैं। क्षेत्र का अर्थ शरीर और क्षेत्रज्ञ का आत्मा। अर्जुन कहता है __ हे भगवन, प्रकृति -- पुरुष, क्षेत्र-- क्षेत्रज्ञ, ज्ञान और ज्ञेय इन सबका अर्थ मैं जानना चाहता हूँ। भगवान कहते है - क्षेत्र--क्षेत्रज्ञ के भेद का परिणाम यह है की देह नश्वर है, आत्मा की मृत्यु नहीं होती है और जन्म भी नहीं होता है। जब उनके अभ्यास से देह-बुद्धि का अज्ञान चला जाता है, उस समय देह और आत्मा अलग है इसका बोध होता है। जब तक देह-बुद्धि है, तब तक सुख -- दुःख, जन्म -- मृत्यु, रोग -- शोक है। यह सब देह से होते है। आत्मा निर्गुण नश्वर है। आत्मज्ञान से सुख-- दुःख, जन्म -- मृत्यु आदि स्वप्न की तरह मिथ्या होते हैं। देह, मन, बुद्धि सभी सृष्ट पदार्थ सगुण, नश्वर हैं। वे आत्मा नहीं हैं, शुद्ध आत्मा निर्लिप्त हैं। कुछ स्थावर, जंगम पदार्थ क्षेत्र और क्षेत्रज्ञ के संयोग से उत्पन्न होते हैं। जो स्थावर, जंगम हैं वही सारे भूतों में समान रूप से देखते हैं। अर्थात परमात्मा को सर्वत्र देखते हैं वही सम्यक दर्शन हैं। प्रकृति और पुरुष दोनो ही अनादि रूप हैं। सुख-- दुःख, मोह, सत्त्व, रज, तम आदि गुण प्रकृति से ही उत्पन्न होते हैं। विद्या -- अविद्या,सुगंध -- दुर्गंध, वायु के गुण, महा कारण, कारण का भी कारण, स्थूल - सूक्ष्म कारण, पंचभूत स्थूल है। बुद्धि, अहंकार सूक्ष्म है। ब्रह्म या शुद्ध आत्मा कारण के भी कारण है यह ज्ञान प्राप्त करने के लिए योग मार्ग का अवलम्बन ध्यान, धारणा और समाधि से हो सकता है। उसी प्रकार आत्मा, अनात्मा के विचार द्वारा या कर्ममार्ग, भक्तिमार्ग से भी आत्मज्ञान प्राप्त हो सकता है। जब आत्मा का ज्ञान प्राप्त होता है, उस अवस्था को आत्मदर्शन, ब्रह्म स्वरूप प्राप्ति, देहात्म विवेक, पुरुष और प्रकृति का विवेक, ब्रह्मज्ञान, परमेश्वर का दर्शन या मोक्ष आदि अनेक नामों से जाना जाता है।

यथा सर्वगतं सौक्म्यादाकाशं नोपलिप्यते ।
सर्वत्रावस्थितो देहे तथात्मा नोपलिप्यते ।। ३२ ।।

भगवन कहते है __ हे अर्जुन, जीस प्रकार आकाश सर्वत्र होकर भी सूक्ष्म होने के कारण किसी वस्तु में लिप्त नहीं होता, उसी प्रकार आत्मा सभी प्रकार के शरीरों मे रहकर भी दोष-गुण, पाप-पुण्य आदि किसी से लिप्त नहीं होता। जैसे सूर्य समस्त संसार को प्रकाशित करता है। उसी प्रकार परमात्मा एक होकर समस्त क्षेत्रों को या देहों को प्रकाशित करता। क्षेत्र -- क्षेत्रज्ञ का यह भेदपूर्ण ज्ञान ही ब्रह्मज्ञान है।

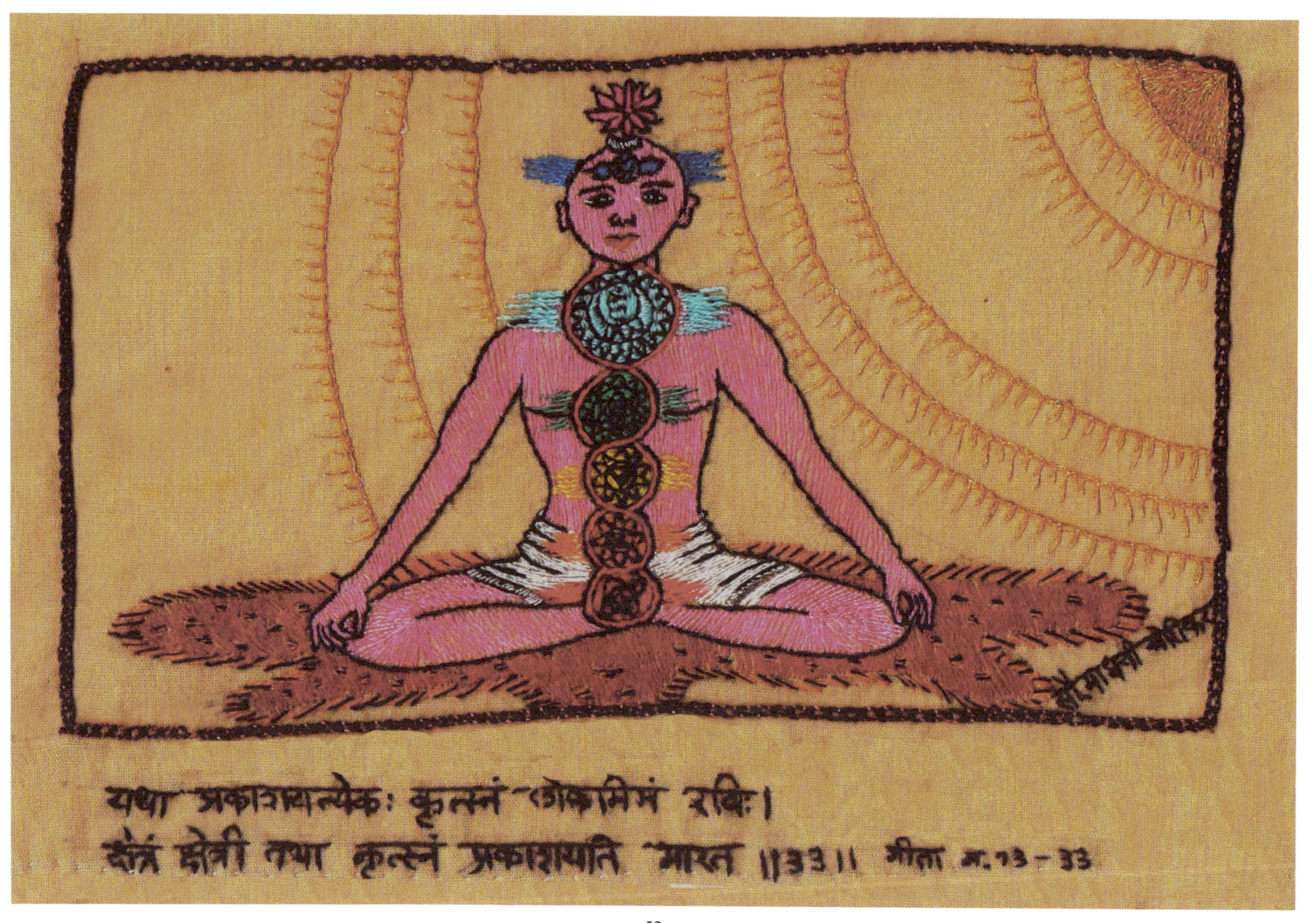

यथा प्रकाशयत्येकः कृत्स्नं लोकमिमं रविः।
क्षेत्रं क्षेत्री तथा कृत्स्नं प्रकाशयति भारत ॥३३॥ गीता अ.१३–३३

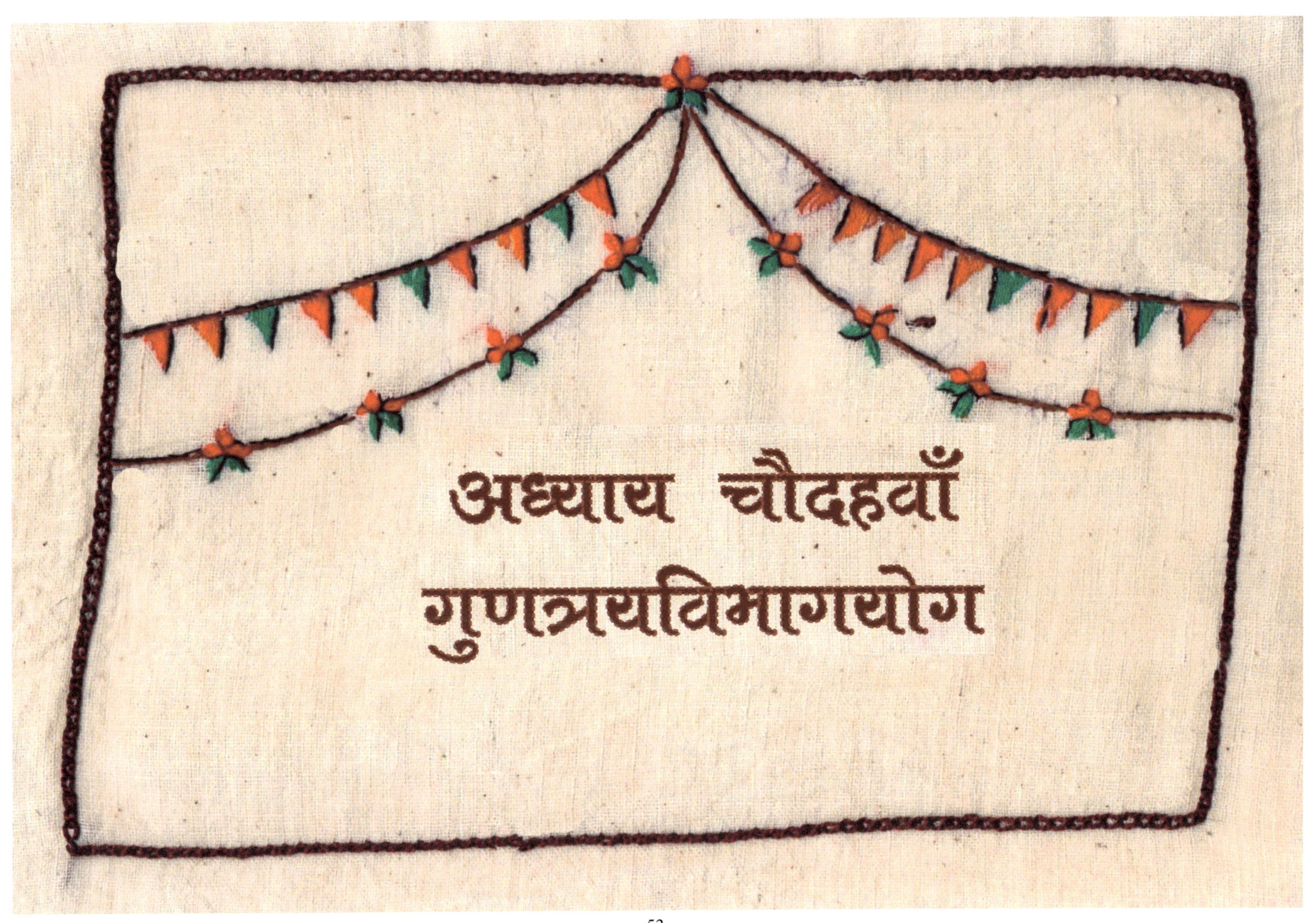

अध्याय चौदहवाँ
गुणत्रयविभागयोग

।। अध्याय चौदहवाँ ।।
।। गुणत्रयविभागयोग ।।

सत्व, रज, तम इन तीन गुण और इन तीन गुणों के आगे त्रिगुणात्मक अवस्था का अभ्यास इस अध्याय में आया है। भगवान श्रीकृष्ण कहते हैं _ब्रह्म ही मेरी समस्त कार्य-- पदार्थों का उत्पादन है। उसी में मैं गर्भाधान करता हूँ। इसी के फल स्वरूप सारे भूतों की उत्पत्ती होती है। त्रिगुणात्मिका प्रकृति मेरा गर्भाधान स्थान है। उसमे मैं सृष्टिका बीज डालता हूँ। उस गर्भाधान से समस्त प्राणियोंका जन्म होता है। देवता, पितर, मनुष्य आदि जो शरीर उत्पन्न होते है, त्रिगुणात्मिका प्रकृति उन सबको मातृ स्थान में है और मैं गर्भाधान कर्ता जनक हूँ।

सत्वं रजस्तम इति गुणः प्रकृतिसंभवाः ।
निबंधन्ति महाबहो देहे देहिनमव्ययम् ।।५।।

हे अर्जुन, सत्व, रज तम प्रकृति के ये तीन गुण हैं। ये तीन गुण निर्विकार आत्मा को शरीर में बद्ध करते हैं। परम पुरुष निष्क्रिय है। किंतु गुणों के संग के कारण मानो पुरुष का संसार बंधन होता है। यह चराचर विश्व -- ब्रम्हांड प्रकृति का ही परिणाम है। परमेश्वर का सृष्टि संकल्प ही प्रकृति में गर्भाधान है और उससे सृष्टि होती है। प्रकृति और परमपुरुष के संयोग से ही सृष्टि होती है। परमेश्वर प्राणियोंके पिता और प्रकृति माता है। सत्व, रज, तम इन तीन गुणो में मनुष्य को वशीभूत कर रखा है। तमोगुण _ विनाश करता है। निद्रा, भ्रम, क्रोध, आलस्य बढता है। असावधानता और बुद्धि का विपर्यास दिखाई पड़े, तब तामसिक प्रकृति है । रजोगुण _ कर्मों में तृष्णा और आसक्ति से उत्पन्न होता है। लोभ, काम- प्रवृत्ति, विषय - वासना उत्पन्न होती है। सत्वगुण - सुख उत्पन्न करता है। प्रकाशशील और निर्दोष है। सत्वगुण से ज्ञान प्राप्त होता है।

अर्जुन पुछता है __ किन-किन लक्षणों से मनुष्य इन तीनों गुणों से मुक्त होता है? उसका आचरण कैसा होता है। भगवान श्रीकृष्ण कहते हैं __ जो एकांतिक भक्ति योग के साथ श्रीभगवान की आराधना करते हैं, वे तिनों गुणों का अतिक्रमण हटा कर ब्रह्मज्ञान प्राप्त करने में सफल होते हैं। त्रिगुणातीत भक्त ईश्वर का नाम लेना ही उनकी पूजा समजते हैं। उनका सत्व विशुद्ध होने के कारण ईश्वर दर्शन का विलंब नहीं रहता। त्रिगुणातीत अवस्था में सर्वत्र समबुद्धि, सुख -- दुःख, मान -- अपमान, स्तुति -- निंदा, शत्रु -- मित्र सभी समान हैं। एकनिष्ठ भक्तियोग से, भगवान का भजन करके, तीन गुणों को हटा कर त्रिगुणातीत अवस्था या ब्रह्मभाव प्राप्त करते हैं यह निर्गुण ब्रह्म भाव शाश्वत धर्म, मोक्ष का एकमात्र आश्रय स्थल है। यही भगवान प्राप्ति है।

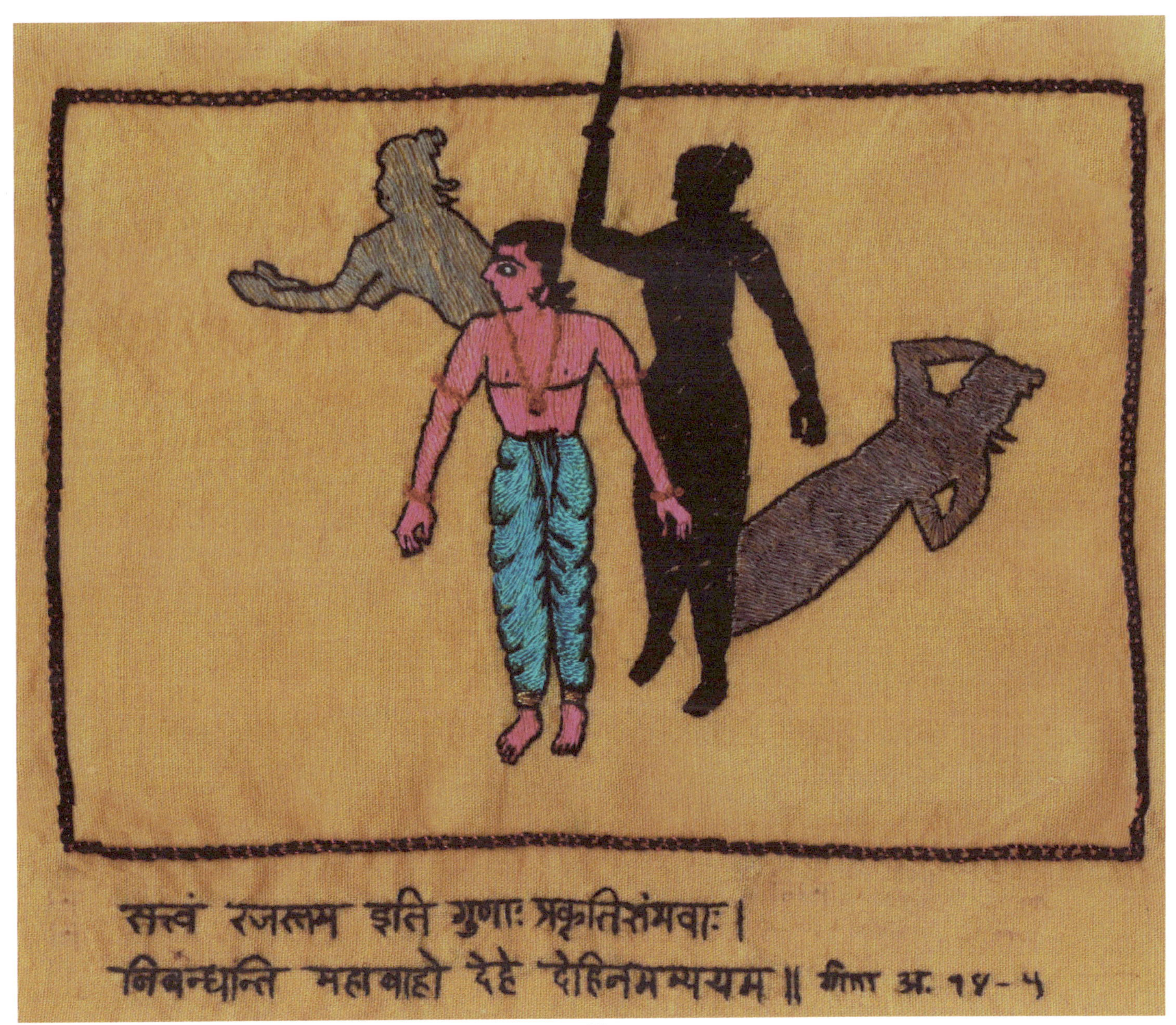

सत्त्वं रजस्तम इति गुणाः प्रकृतिसंभवाः।
निबध्नन्ति महाबाहो देहे देहिनमव्ययम्॥ गीता अ. १४-५

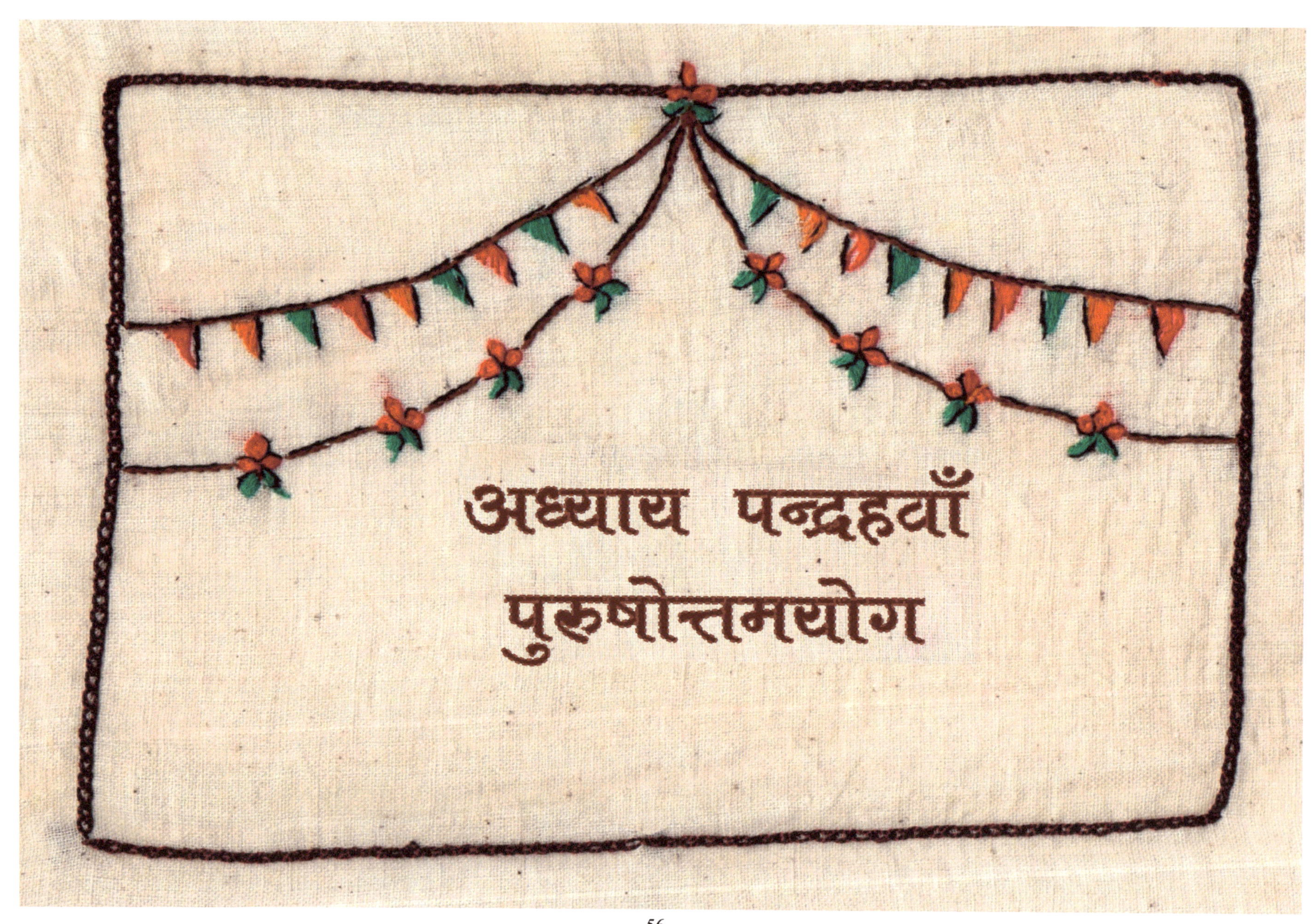

अध्याय पन्द्रहवाँ
पुरुषोत्तमयोग

।। अध्याय पंद्रहवाँ ।।
।। पुरुषोत्तमयोग ।।

ऊर्ध्वमूलमधःशाखमश्वत्थं प्राहूरव्ययम् ।
छंदासि यस्य पर्णानि यस्तं वेद स वेदवित् ।।१ ।।

भगवान श्रीकृष्ण कहते है _इस संसार रूप अश्वत्थ वृक्ष का मूल उपर है, ब्रह्म में है। उस वृक्ष की वेद, पुराण विश्व ब्रम्हांड आदि स्वरूप शाखाएं नीचे की ओर है। यहाँ अश्वत्थ वृक्ष की तुलना संसार के साथ की गई है। इस अश्वत्थ के पत्ते वेद आदि समस्त ब्राह्मंड हैं। जो इस अश्वत्थ को जानता है, वही वेदवेत्ता है। इसका आशय यह है की, संसार - प्रपंच रूप वृक्ष का मूल ईश्वर नारायण हैं। इस वृक्ष के पत्तों को वेद मंत्र कहा गया है। अश्वत्थ के पत्ते जीस प्रकार छाया देकर जीवों को आश्रय देते हैं, वेद भी उसी प्रकार धर्माधर्म बताकर मनुष्यों को आश्रय देता है। इस संसार रूप वृक्ष का अन्त, आदि या मध्य नहीं है। सम्यक स्थिती है। यह किस आधार पर टिका है यह ज्ञात नहीं है। जब तक इसका बन्धन (माया) नहीं टूटता तब तक तत्त्वज्ञान नहीं होता। इस कारण वैराग्य स्वरूप तिखे शस्त्र से माया का बन्धन काटना चाहिये। फिर उस आद्य पुरुष को शरणागत होने से पुनः मनुष्य इस संसार में नहीं आता है। अहंकार मोह रहित लोग इसे प्राप्त करते हैं। जिस परमधाम को सूर्य, चंद्र और अग्नि प्रकाशित नहीं कर सकते, वह आद्य पुरुष के प्रकाश से ही प्रकाशित हो रहा है। आद्य पुरुष स्वयं प्रकाशित है। जिस प्रकार वायु फुलों से गंध ले जाता है, उसी प्रकार जीवात्मा एक शरीर से दूसरे शरीर में जाते समय इंद्रिय और मन को साथ ले जाता है। जीवात्मा शरीर में होकर विषयों का भोग करता है या किस भाव से शरीर छोड़ता है, यह नहीं जानता किंतु ज्ञानियों को आत्मा का दर्शन होता है। क्योंकी उनका मन अन्तर्मुख है। सूर्य, चंद्र अग्नि का तेज मेरा ही है। मैं ही चराचर ब्रम्हांड को धारण करता हूँ। और चंद्र बनकर फल, फुल, पौधो को रसमय करता हूँ। मैं ही प्राणियोंके शरीर का आश्रय करके प्राण, अपान के साथ मिल कर खाद्य को पचा लेता हूँ। मैं ब्रम्हा से लेकर छोटे प्राणियों तक के अन्तर्यामि में बसा हूँ। उसे पुरूषोत्तम कहते है। यह ब्रह्म की उपाधि है। पुरुष दो प्रकार के हैं, क्षर -- अक्षर। क्षर और अक्षर दोनो पुरुषों से भिन्न, स्वतंत्र एक उत्तम पुरुष भी है। वह परमात्मा है। वह मुक्त और स्वतंत्र, सबका नियंता होने के कारण उसे पुरुषोत्तम कहते हैं। इस पुरूषोत्तम को जानने से मनुष्य सर्वज्ञ, कृतार्थ तथा भय रहित हो जाता है। फल स्वरूप मुक्ति पा जाता है। यह पुरूषोत्तम तत्व अत्यंत गोपनिय है, ईश्वर की कृपा के बिना यह तत्व कोई नहीं समझ सकता। भगवदगीता का यह एक श्रेष्ठ अध्याय है।

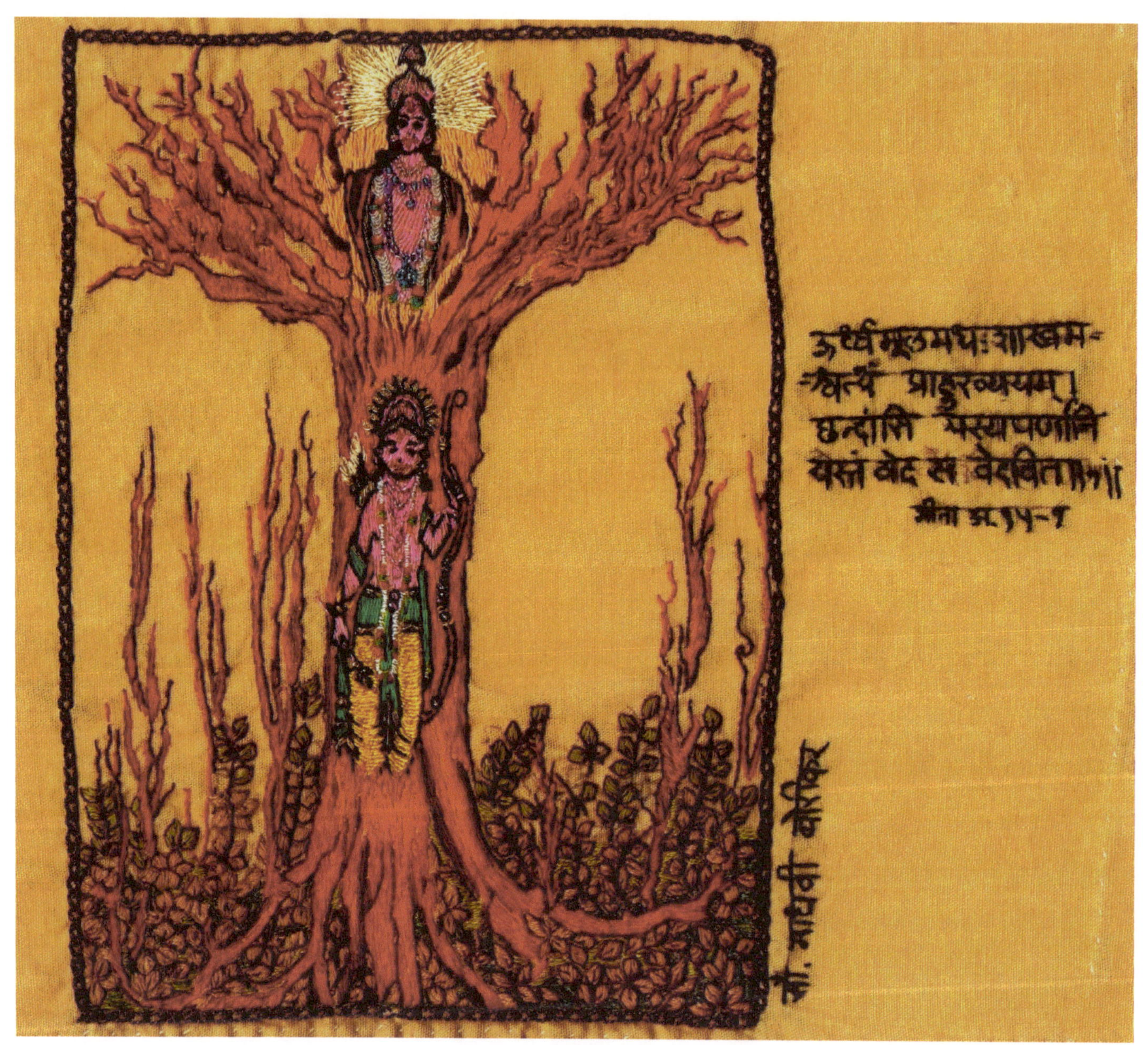
ऊर्ध्वमूलमधःशाखम्
अश्वत्थं प्राहुरव्ययम् ।
छन्दांसि यस्यपर्णानि
यस्तं वेद स वेदवित् ॥
गीता अ. १५-१

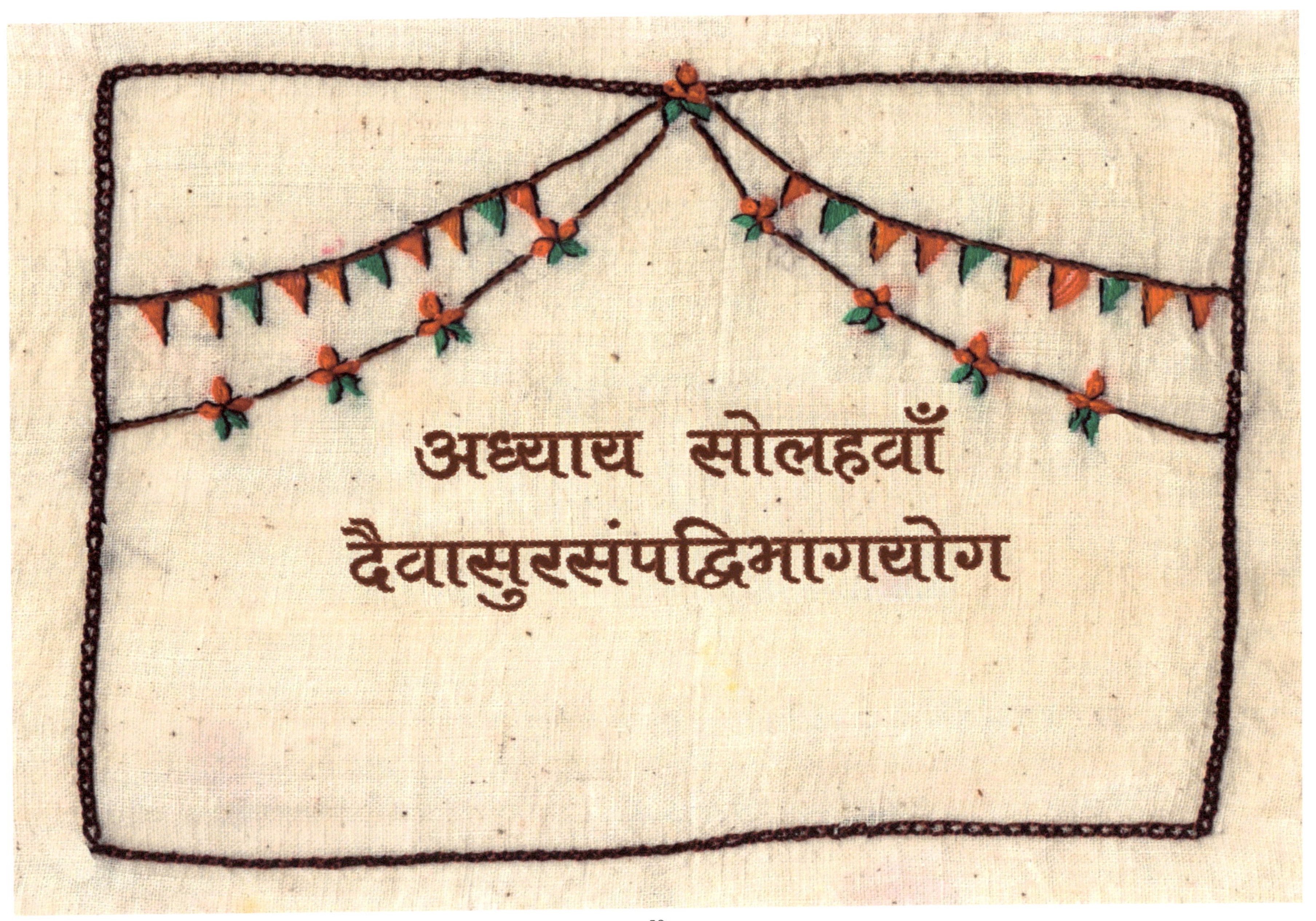
अध्याय सोलहवाँ
दैवासुरसंपद्विभागयोग

।। अध्याय सोलहवाँ ।।

।। दैवासुरसंपद्विभागयोग ।।

इस अध्याय में दैवयोग संपत्ति और आसूरयोग संपत्ति का वर्णन तथा विभाजन किया गया है। दैवी संपत्ति का वर्णन करते हुए भगवान कहते है __ चित्त शुद्धि, आत्मज्ञान में निष्ठा, कर्मयोग परायणता, सत्य, अक्रोध, त्याग, शांति, जीवोपर दया, मृदुता, क्षमा, धैर्य आदि दैवी संपदाएँ हैं। जो लोग पूर्व जन्म के शुभकर्मों के कारण यह दैवि संपत्ति लेकर जन्म लेते हैं, वह पुण्यवान व्यक्ति होते हैं। दंभ, दर्प, अभिमान, क्रोध, निष्ठूरता, अज्ञान आदि गुण आसुरी संपत्ति में होते हैं। आसुरी संपत्ति लेकर जो जन्म लेते हैं वे सदा दुःख भोगते हैं। दैवी संपत्ति मुक्ति के लिए और आसुरी संपत्ति संसार बंधन का कारण होती है।

द्वौ भूतसर्गो लोके ऽस्मिंदैव आसुर एव च ।
दैवो विस्तारशः प्रोक्त आसुरं पार्थ में शृणु ।। ६ ।।

हे अर्जुन, इस जगत में देव स्वभाव और आसुर स्वभाव वाले दो प्रकार के प्राणियों की सृष्टि है। आसुर प्रकृति वाले मनुष्यों को धर्माधर्म का ज्ञान नहीं रहता। वे शौच या सदाचार नहीं जानते, सत्य, धर्म, शास्त्र, ईश्वर आदि को नहीं मानते। काम क्रोध के वश समस्त प्राणियों का अनिष्ट करते हैं। ये असुर प्रकृति के लोग अधर्मचरण करके बार-बार अधोगति प्राप्त करते हैं। उनके मुक्ति का कोई उपाय नहीं है। अहंकार और घमंड के साथ नाम मात्र यज्ञ करके धर्मिक बनने का ढोंग करते हैं। निष्ठूर, नराधम,पापियों को असुर पशु आदि पाप योनियों में मैं बार-बार भेजता हूँ।

हे अर्जुन __ अज्ञानी लोग हर जन्म में आसुरी योनी प्राप्त होने के कारण और अधिक अधोगती होने के कारण कृमी -- कीटक आदि घृणित योनी प्राप्त करते हैं।

काम, क्रोध और लोभ ये तीन प्रकार नरक के द्वार हैं। इन तीन नरक के द्वारों से मुक्त होकर मनुष्य अपना कल्याण करता है। उस आचरण से श्रेष्ठ गति, मोक्ष, प्राप्त करता है। इसलिए भगवान अंतिम श्लोक में उपदेश देते हैं -- तुम शास्त्रोक्त व्यवस्था जान कर स्वधर्माचरण रूप कर्म करने को तैयार हो जाओ।

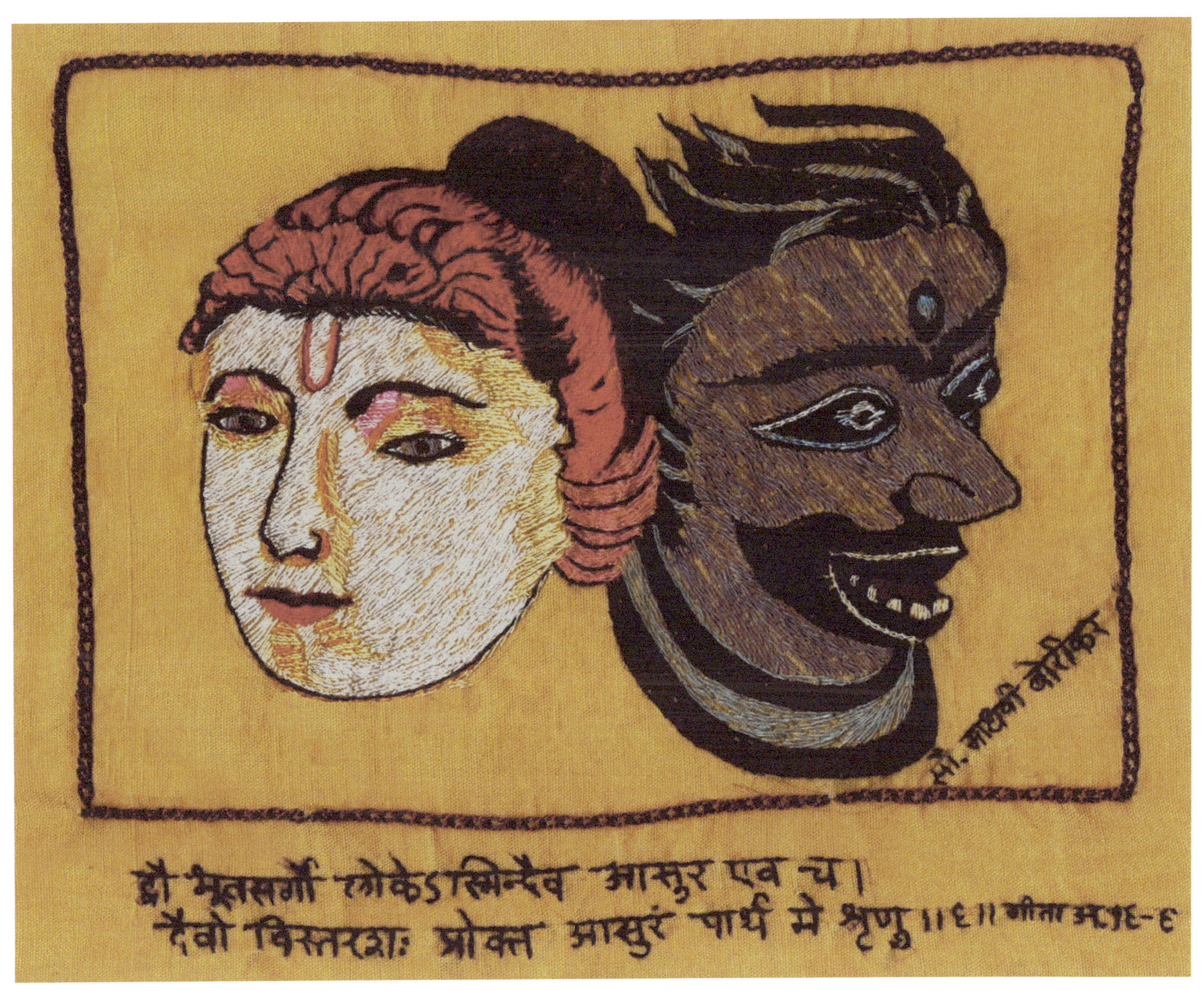

द्वौ भूतसर्गौ लोकेऽस्मिन्दैव आसुर एव च।
दैवो विस्तरशः प्रोक्त आसुरं पार्थ मे श्रृणु ॥६॥ गीता अ.१६-६

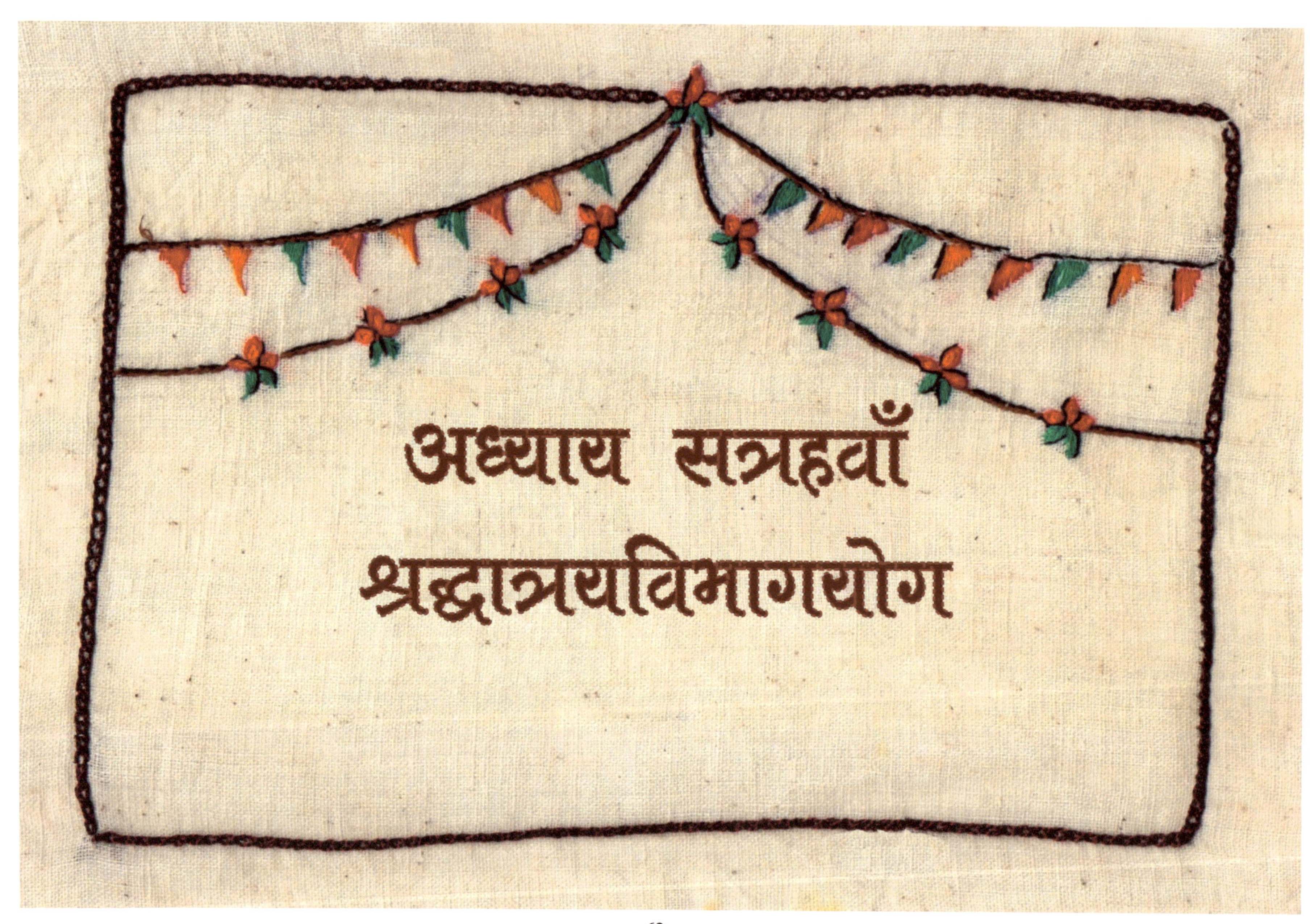

अध्याय सत्रहवाँ
श्रद्धात्रयविभागयोग

।। अध्याय सत्रहवाँ ।।

।। श्रद्धात्रयविभागयोग ।।

भगवान श्रीकृष्ण ने यहाँ त्रिविध श्रद्धा का वर्णन किया है। अब अर्जुन प्रश्न करता है __ लोगों की श्रद्धा को क्या कहा जाय? सात्विक, राजसिक, या तामसिक? भगवान ने श्रद्धाशील व्यक्तीयों की श्रद्धा कैसी होती है और सत्व, रज, तम गुणों के भेद से श्रद्धा युक्त व्यक्तियों के आहार, यज्ञ, तपस्या, दान आदि किस प्रकार हैं। श्रद्धा के अतिरिक्त इस अध्याय में त्रिविध आहार, यज्ञ, तपस्या, दान आदि के विषय में विशेष रूप से आलोचना हुई है।

कर्षयंतः शरीरस्थं भूतग्रामचेतसः।

मां चैवांतः शरीरस्थं तांविधदया सुर निश्चयान् ।। ६ ।।

त्रिगुणों के भेद से मनुष्यों की त्रिविध प्रकृति उत्पन्न होती है। और इस प्रकृति भेद के कारण उनकी श्रद्धा भी सात्विक, राजसिक और तामसिक होती है। सात्विक श्रद्धा युक्त साधक देवताओं की पूजा करते है। राजसिक मनुष्य कामना -- युक्त चित्त से यक्ष, राक्षस आदि की पूजा करते हैं और तामसिक मनुष्य भूत, प्रेत आदि की कामना करते हैं। साधना भी तीन प्रकार की है। सात्विक साधना में बाहरी आडंबर कुछ नहीं रहता, सिर्फ व्याकुल होकर भगवान की नाम साधना, जपना, गुणगान करना। राजसिक साधना में आडंबर के साथ लोकबल और समय की आवश्यकता होती है। इसमे तुरंत लाभ होता है, मगर ईश्वर लाभ नहीं होता। तामसिक साधना में देवता प्रसन्न नहीं हुए तो गले पर छूरी चला लेते है। इसमें शुध्दाचार नहीं होता। मनुष्य के प्रकृति भेद से त्रिविध आहार, त्रिविध यज्ञ, त्रिविध तपस्या और त्रिविध दान के प्रकार होते हैं। भगवान श्रीकृष्ण ने आहार के विषय में विशेष महत्व पूर्ण उपदेश दिया है। प्रत्येक मनुष्य खाद्य द्वारा शरीर पोषण करता है। खाद्य से शरीर में क्रिया शक्ति उत्पन्न होती है। मनुष्य के प्रकृति भेद से सात्विक, राजसिक, तामसिक प्रवृत्ती में रूपांतरीत होते है। जीस प्रभाव से खाद्यान्न खाते है, शरीर, मन, पर उसका प्रभाव होता है। आहार शुद्ध होने से चित्त शुद्ध होता है, चित्त शुद्ध होने से शुद्ध मन में ब्रह्म की स्मृति सदैव रहती है। इन त्रिविध कर्म बताकर ब्रह्म निर्देश का पालन आवश्यक बताया गया है।

ॐ तत्सदिति निर्देशो ब्रह्मणास्त्रिविधः स्मृतः।

ब्राह्मणास्तेन वेदाश्च यज्ञाश्च विहिताः पुरा ।। २३ ।।

"ओम् तत् सत्" ये तीन ब्रह्म वाचक शब्द हैं। परब्रह्म से ही "ओम् तत् सत्" की उत्पत्ति है। "ओम्" शब्द का उच्चारण से ब्रह्मवादि लोग शास्त्र विधान के अनुसार यज्ञ, दान,तपस्या आदि कर्म का अनुष्ठान करते हैं। "ओम, तत्, सत्" शब्द परम पवित्र और शुद्धिकारक हैं। "तत्" शब्द मोक्ष प्राप्त करने वाले व्यक्ति कर्म करते समय "तत्" यह ब्रह्म वाचक शब्द होता है। "सत्" शब्द का प्रयोग किसी वस्तु का अस्तित्व और श्रेष्ठत्व दिखाने के लिए होता है। शुभ कर्मों में "सत्" शब्द का उपयोग करते हैं। "ओम् तत् सत्" ये ब्रह्म वाचक शब्द वैदिक मंत्र हैं।

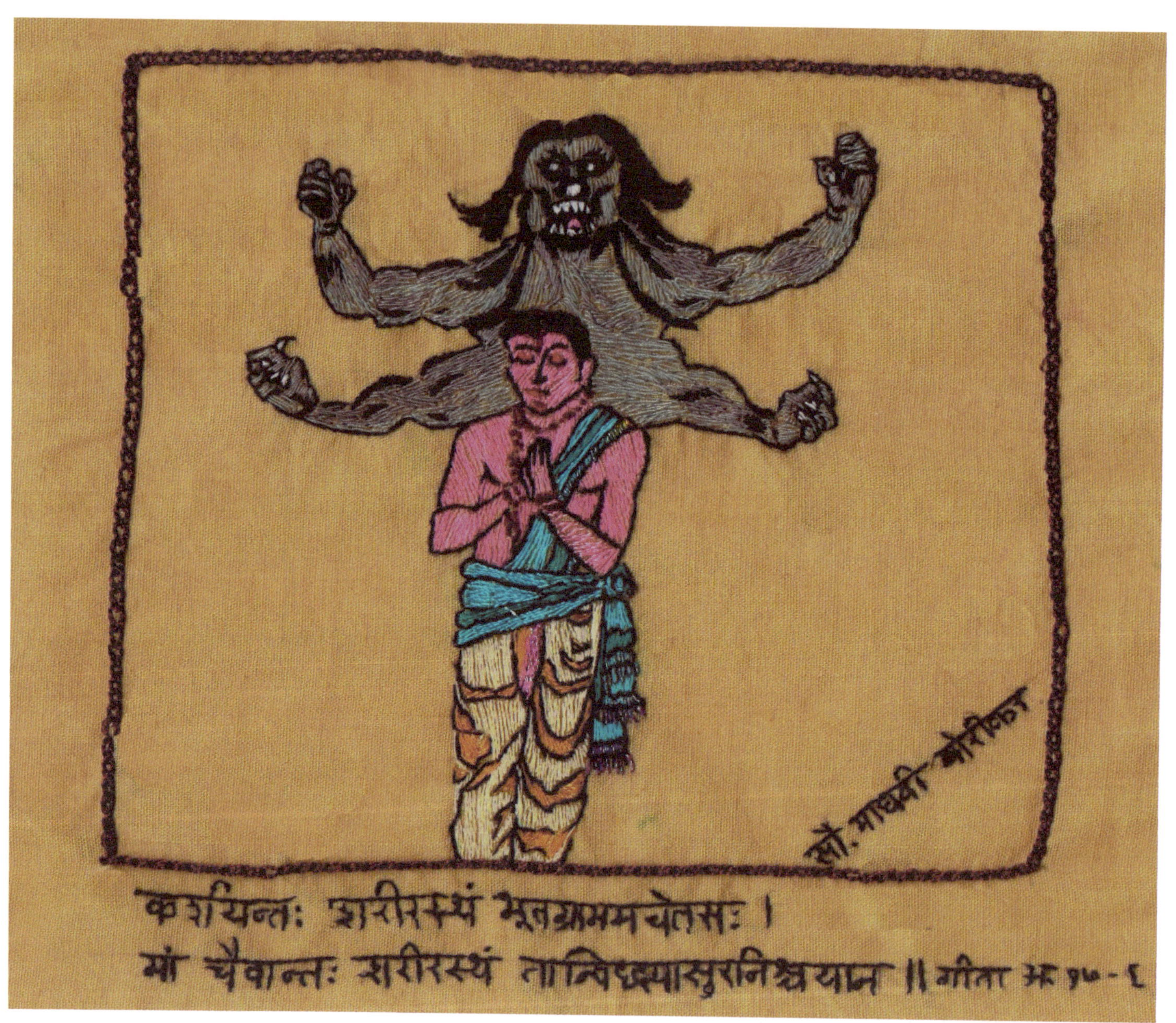

क्रयन्तः शरीरस्थं भूतग्राममचेतसः ।
मां चैवान्तः शरीरस्थं तान्विद्ध्यासुरनिश्चयान् ॥ गीता अ १७-६
डॉ. माधवी भोरिटका

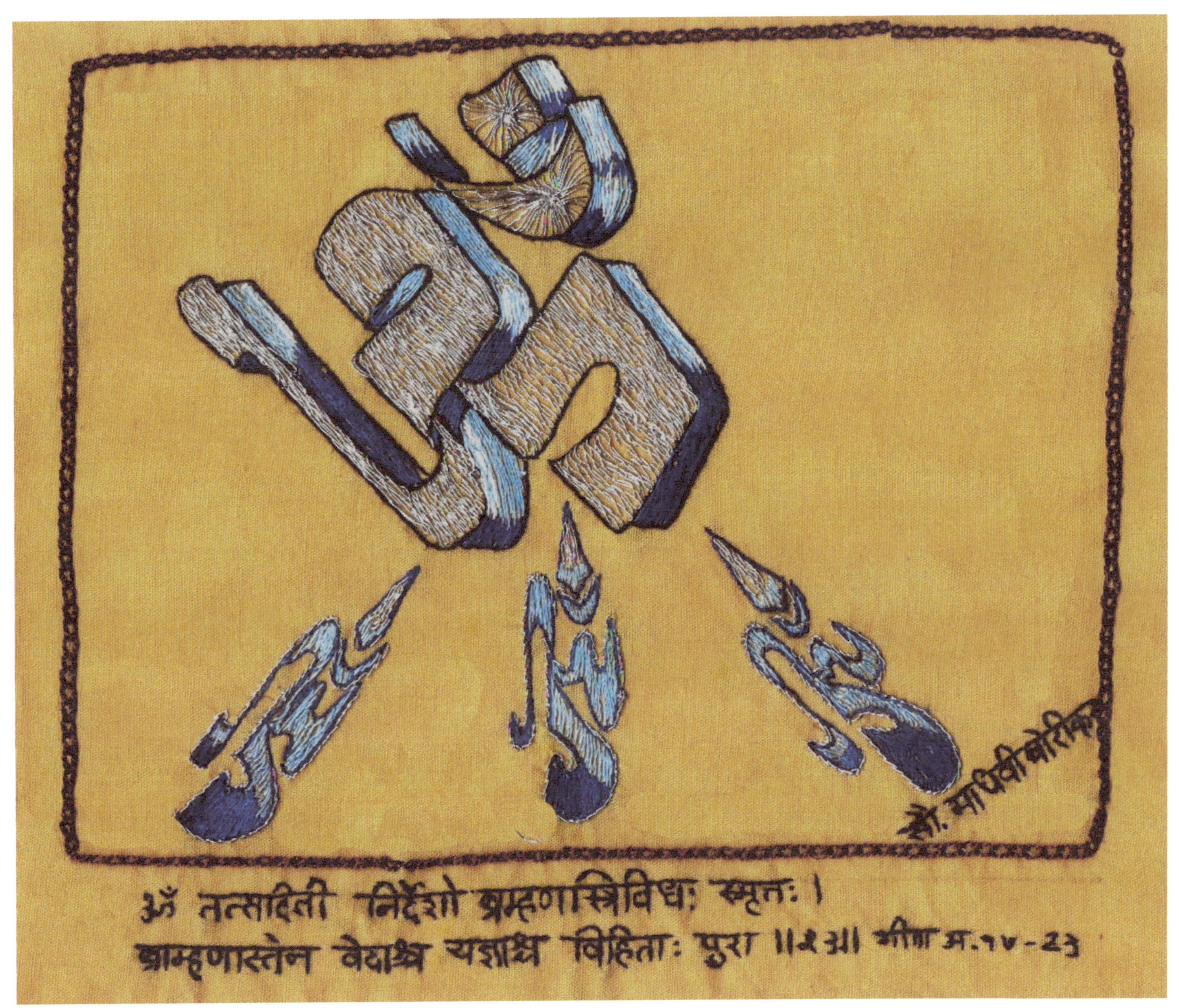

ॐ तत्सदिति निर्देशो ब्रह्मणस्त्रिविधः स्मृतः ।
ब्राह्मणास्तेन वेदाश्च यज्ञाश्च विहिताः पुरा ॥४॥ गीता अ. १७-२३

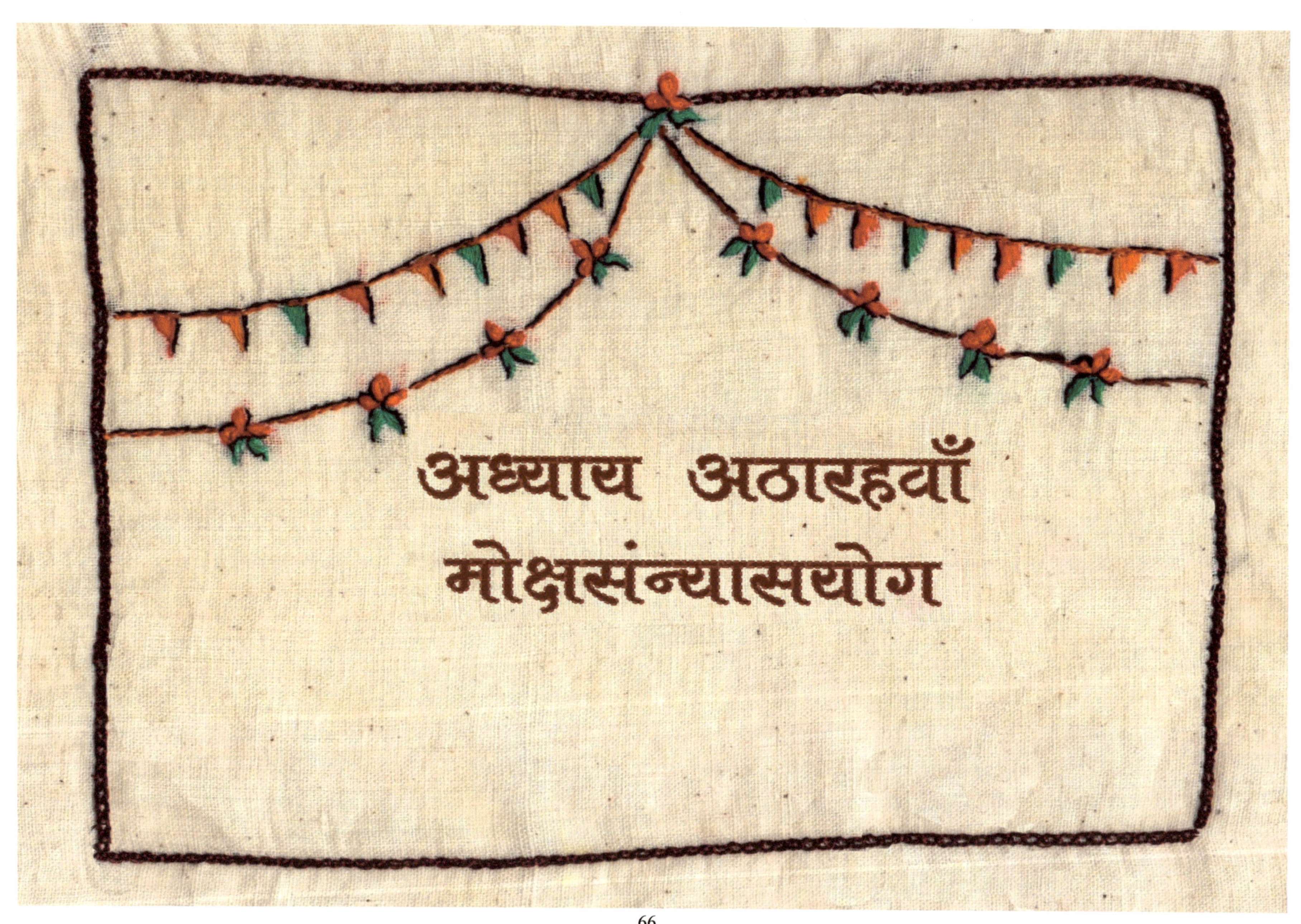

कसीदाकारी में गीता

।। अध्याय अठारहवाँ ।।
।। मोक्षयोगसंन्यासयोग ।।

इस अध्याय में समस्त गीताशास्त्र का उपसंहार करके मानव जीवन का आदर्श और मोक्ष लाभ कैसे होता है यह भगवान ने बताया है। इस लिए इसको "मोक्षलाभ " नाम दिया गया है। अर्जुन पुछता है _ कर्म सन्यास और कर्मफल त्याग का अर्थ बताओ। भगवान श्रीकृष्ण कहते हैं _ संन्यास और त्याग दोनो शब्दों का अर्थ एक ही है। विद्वान लोग स्वर्ग प्राप्त होने के लिए अश्वमेघादि काम्य कर्मों के त्याग को संन्यास कहते हैं और तत्वज्ञानी लोग नित्य नैमित्तिक समस्त कर्मों के फल के त्याग को त्याग कहते हैं। आसक्ति, कतृत्वाभिमान और फलाकांक्षा त्याग करके केवल ईश्वराधना रूप से कर्म करना उचित है। तामसिक, राजसिक त्याग उचित नहीं है। उसका फल मोक्ष नहीं है। आसक्ति और फलाकांक्षा का त्याग करके जो विहीत कर्म करते है वे सात्त्विक तयाग में आते हैं। राग द्वेष से दूर रहकर केवल कर्तव्य समझकर कर्म करते रहते हैं। जो कर्म करके फल की आशा छोड़ देते हैं वही त्यागी। शरीर, अहंकार, बुद्धि, मन, चक्षु, वाणी आदि इंद्रियों की अधिष्ठात्री देवता सर्व प्रेरक अंतर्यामी पुरुष ही पंचम कारण है। इन पांच के द्वारा समस्त कर्म होते हैं। जिनका 'मैं करता हूँ' यह अहंकार नष्ट होकर शान्त ब्रह्म भाव 'मैं ही ब्रह्म हूँ' ऐसे निश्चल भाव स्थित होने में होते हैं। जगत के अनेकत्व में जो एकत्व का दर्शन करते हैं वही यथार्थ ज्ञान है। यही ज्ञान संसार निवृत्ती का कारण है। दर्प, काम, क्रोध और किसी से ममता न रखकर मेरी परा भक्ति, मेरा सच्चिदानंद स्वरूप प्राप्त करते हैं।

हे अर्जुन, मैंने तुम्हे यह गुह्य से गुह्यतर गीता शास्त्र के माध्यम से कही। तुम शुभाशुभ विचार करके वही करो। तुम मेरे अत्यंत प्रिय हो अतः तुम्हारे हितकर उपदेश दिए हैं। श्रीभगवान ने सारे उपदेशों का उपसंहार कर दिया _ "तुम केवल मेरी शरण लो, मैं तुम्हे सभी पापों से मुक्त करूंगा"। यह भगवान का अंतिम उपदेश है। ये सिर्फ अर्जुन के लिए नही, विश्व के सभी मनुष्यों के लिए है। तुम सब प्रकार के धर्म और अधर्म का त्याग करके मेरे हो जाओ। तुम शोक मत करो। भगवन कहते है __ हे अर्जुन, क्या तुम्हारा अज्ञान से भरा मोह दूर हो गया? अर्जुन कहता है __ मेरा अज्ञान नष्ट हो गया। मुझे कर्तव्या कर्तव्य ज्ञान मिल गया। मेरा संदेह दूर हो गया। मेरा मन स्थिर हुआ। मैं तुम्हारी आज्ञा का पालन करूंगा।

यत्र योगेश्वरः श्रीकृष्णो यत्र पार्थो धनुर्धरः।
तत्र श्रीर्विजयो भूतिर्ध्रुवा नीतिर्मतिर्मम ।। ७८ ।।

उस समय संजय धृतराष्ट्र को कहते हैं ___ जिस पक्ष में योगेश्वर श्रीकृष्ण और गांडीवधारी अर्जुन हैं, उस पक्ष में ही स्थिर राजलक्ष्मी और संपूर्ण जय निश्चित है। यह मेरी धारणा है।

।। श्रीकृष्णार्पणमस्तु ।।

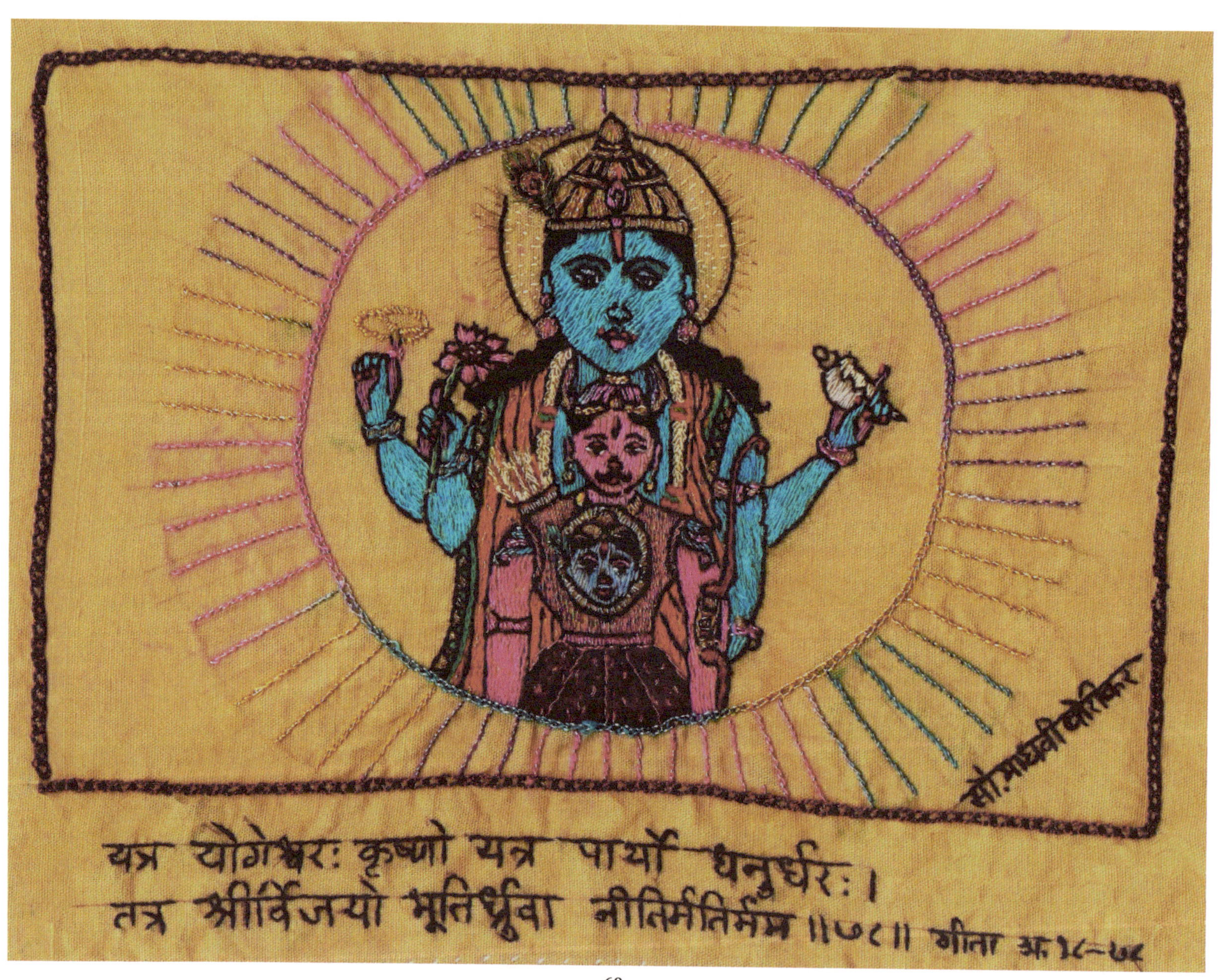

यत्र योगेश्वरः कृष्णो यत्र पार्थो धनुर्धरः।
तत्र श्रीर्विजयो भूतिर्ध्रुवा नीतिर्मतिर्मम ॥७८॥ गीता अ १८–७८

कसीदाकारी में गीता

9 781989 416495